Jak stać się pieniędzmi
Zeszyt ćwiczeń

ACCESS CONSCIOUSNESS®
„Wszystko w życiu przychodzi mi z lekkością, radością i obfitością™"

Z Garym M. Douglasem

Wydane przez
Access Consciousness Publishing, LLC
www.accessconsciousnesspublishing.com

Wydrukowano w Stanach Zjednoczonych Ameryki

Spis treści

Wstęp

Założyciel Access Consciousness®, Gary Douglas uzyskał tę informację za pomocą channelingu, od istnienia o imieniu Raz. Gary już nie channelinguje. Jest to zapis z klasy na żywo.

Access pomaga uświadomić ludziom, że wiedzą. Mówi o świadomości.
To ty jesteś tym, który wie, co jest dla ciebie prawdą.

Proszę, używaj tej książki jako narzędzia, aby móc pozbyć się obłąkanych i ograniczających cię punktów widzenia, które wykreowałeś na temat pieniędzy i po to, aby wykreować więcej lekkości w swoim życiu i istnieniu, z dużą ilością pieniędzy i ich przypływem.

Jeśli chcesz wiedzieć więcej na temat Access Cosnciousness®, na temat produktów, klas o tematyce odnoszącej się do różnych aspektów, jak biznes, pieniądze, związki, seks, magia, ciała, itd., – proszę odwiedź naszą stronę. Bądź wszystkim i zrób wszystko, co możesz, aby wykreować i wygenerować SWOJE życie i istnienie wspanialszym, niż to, jakie do tej pory sobie wyobrażałeś!

www.accessconsciousness.com

ZAPIS Z KLASY Z GARYM DOUGLASEM CHANELLINGUJĄCYM ISTNIENIE O IMIENIU RAZ.

Gary: Ten warsztat o pieniądzach będzie dla mnie nowym doświadczeniem. Nie wiem jak wy to odbierzecie. Zaopatrzcie się w notes, długopis lub ołówek, cokolwiek będziecie używać, ponieważ dzisiaj będziecie mieli dużo do zrobienia. Z tych ułamków informacji, których udzielił mi Raz, wnioskuję, że będzie się dziś dużo działo. Raz jeszcze raz prosi was, abyście zgłaszali się na ochotnika i byli lustrem dla innych ludzi obecnych tu. Więc, jeśli macie z tym problem, zakryjcie się kocem, żeby was nie widział, bo inaczej wywoła was do odpowiedzi. I nie wstydźcie się niczego, co się tu będzie działo, ponieważ w rzeczywistości nie ma tu osoby, która nie miałaby takiego samego problemu, w taki czy inny sposób. Nie ma różnicy, czy masz milion dolarów, czy pięćdziesiąt centów, problemy z pieniędzmi są trudne dla każdego. OK.? Zaczynajmy.

Pytania Na Warsztacie

Dziś porozmawiamy o tym jak **BYĆ** pieniędzmi. To czym jesteście, to energia, to czym będziecie, to energia, to czym byliście, to energia. Pieniądze też są energią.

Dziś wieczorem odpowiesz na pytania, które zadamy, bądź świadomy tego, że szczerość odpowiedzi nie dotyczy innych ludzi dookoła ciebie, ale tylko ciebie samego. Każdy punkt widzenia, który wykreowałeś na temat pieniędzy, kreuje ograniczenia i parametry z jakich je otrzymujesz.

Wszystko, co kreujesz, kreują również inni. Bądź totalnie ze sobą szczery, w innym przypadku będziesz tym, kto siebie oszukuje; cała reszta będzie znała twoje sekrety.

Prosimy cię, abyś pamiętał, że temat, który dziś poruszamy, nie jest uważany za lekki, chociaż powinien być. Lekkość to radość, dowcip, możesz się śmiać, to jest w porządku. Bądź więc przygotowany na bycie jaśnie-oświeconym istnieniem, którym jesteś.

Jeśli naprawdę chcesz uzyskać rezultaty, najlepiej będzie, jeśli odpowiesz na wszystkie te pytania – przedtem, zanim zajrzysz do następnego rozdziału.

Rasputin: Cześć!

Studenci: Dobry wieczór Rasputin.

R: Jak się macie? Więc dziś wieczorem będziemy rozmawiać o tym, co jest najbliższe waszym sercom, czyli o pieniądzach. Faktem jest, i dotyczy to każdego z was, że pieniądze nie są problemem, tak jak myślicie, że są, dlatego będziemy z wami pracować, aby wam pomóc nauczyć się w jaki sposób postępować z pieniędzmi, nie jako z sytuacją w tym momencie, tu i teraz, ale jako przyzwoleniem na obfitość tego, co jest prawdą dla was samych.

Zaczynamy więc. Zadamy wam pytanie: Czym są pieniądze? A wy napiszcie 3 odpowiedzi na temat tego, czym są dla was pieniądze. Nie piszcie tego, czym powinny być, nie piszcie „prawidłowych" odpowiedzi, ponieważ nie ma takich. Pozwólcie swoim mózgom odlecieć i pozwólcie na to, aby to, co jest prawdą tego w czym siedzicie, było odpowiedzią na papierze. Więc trzy rzeczy, czym są dla was pieniądze.

PYTANIE PIERWSZE: Czym są pieniądze?

Odpowiedź 1: _____

_____

_____

_____

_____

Odpowiedź 2: _____

_____

_____

_____

Odpowiedź 3: _____

_____

_____

_____

OK, gotowi? Drugie pytanie: Co znaczą dla ciebie pieniądze? Zapisz trzy odpowiedzi.

PYTANIE DRUGIE: Co znaczą dla ciebie pieniądze?

Odpowiedź 1:
_____
_____
_____
_____

Odpowiedź 2:
_____
_____
_____

Odpowiedź 3:
_____
_____
_____

Trzecie pytanie: Jakie masz trzy emocje, kiedy myślisz o pieniądzach?

PYTANIE TRZECIE: Jakie trzy emocje pojawiają się u ciebie, kiedy myślisz o pieniądzach?

Odpowiedź 1: _____

_____
_____
_____
_____

Odpowiedź 2: _____

_____
_____
_____

Odpowiedź 3: _____

_____
_____
_____

A teraz następne pytanie, pytanie numer cztery: Jak czujesz się z pieniędzmi? Trzy odpowiedzi. Jak się czujesz w związku z pieniędzmi?

PYTANIE CZWARTE: Jak czujesz się z pieniędzmi? Jak się czujesz w związku z pieniędzmi?

Odpowiedź 1:

_____

_____

_____

_____

_____

Odpowiedź 2:

_____

_____

_____

_____

Odpowiedź 3:

_____

_____

_____

_____

Następne pytanie: Jak wyglądają dla ciebie pieniądze?

PYTANIE PIĄTE: Jak wyglądają dla ciebie pieniądze?

Odpowiedź 1:
_____
_____
_____
_____
_____

Odpowiedź 2:
_____
_____
_____

Odpowiedź 3:
_____
_____
_____

Wszyscy gotowi? Następne pytanie: Jak smakują dla ciebie pieniądze? Poczuj je w ustach. Jak smakują? Większość z was nie miała pieniędzy w ustach odkąd przestaliście być małymi dziećmi, ale możesz tego użyć, jako punkt odniesienia.

PYTANIE SZÓSTE: Jak smakują dla ciebie pieniądze?

Odpowiedź 1:
_____
_____
_____
_____
_____

Odpowiedź 2:
_____
_____
_____
_____

Odpowiedź 3:
_____
_____
_____
_____

Następne pytanie, wszyscy gotowi? Następne pytanie brzmi: Kiedy widzisz przypływające do ciebie pieniądze, skąd one płyną, z której strony? Z prawej, lewej, z tyłu, z przodu, z góry, z dołu, ze wszystkich stron? Gdzie je widzisz?

PYTANIE SIÓDME: Kiedy widzisz przypływające do ciebie pieniądze, skąd one do ciebie płyną?

Odpowiedź 1:
_____

_____

_____

_____

_____

Odpowiedź 2:
_____

_____

_____

_____

Odpowiedź 3:
_____

_____

_____

_____

No dobrze, następne pytanie: Jeśli chodzi o pieniądze, to czujesz, że masz ich więcej niż potrzebujesz, czy mniej niż potrzebujesz?

PYTANIE ÓSME: Jeśli chodzi o pieniądze, to czujesz, że masz ich więcej niż potrzebujesz, czy mniej niż potrzebujesz?

Odpowiedź 1:
_____
_____
_____
_____
_____

Odpowiedź 2:
_____
_____
_____
_____

Odpowiedź 3:
_____
_____
_____
_____

Następne: Jeśli chodzi o pieniądze, kiedy zamkniesz oczy, jaki one mają kolor i ile mają wymiarów?

PYTANIE DZIEWIĄTE: Jeśli chodzi o pieniądze, kiedy zamkniesz oczy, jaki one mają kolor i ile mają wymiarów?

Odpowiedź 1:

_____

_____

_____

_____

Odpowiedź 2:

_____

_____

_____

Odpowiedź 3:

_____

_____

_____

PYTANIE DZIESIĄTE: Jeśli chodzi o pieniądze, co jest łatwiejsze: ich przypływ (zdobywanie) czy odpływ (wydawanie)?

Odpowiedź 1:
_____
_____
_____
_____

Odpowiedź 2:
_____
_____
_____

Odpowiedź 3:
_____
_____
_____

Następne pytanie: Jakie masz trzy najgorsze problemy z pieniędzmi?

PYTANIE JEDENASTE: Jakie masz trzy najgorsze problemy z pieniędzmi?

Odpowiedź 1:

_____

_____

_____

_____

_____

Odpowiedź 2:

_____

_____

_____

Odpowiedź 3:

_____

_____

_____

Następne pytanie: Czego masz więcej: pieniędzy czy długów?

PYTANIE DWUNASTE: Czego masz więcej: pieniędzy czy długów?

Odpowiedź:
_____
_____
_____
_____

Zadamy ci jeszcze jedno pytanie: Jeśli chodzi o pieniądze, to aby mieć ich obfitość w twoim życiu, jakie mogłyby być trzy rozwiązania twojej obecnej sytuacji finansowej?

PYTANIE TRZYNASTE: Jeśli chodzi o pieniądze, to aby mieć ich obfitość w twoim życiu, jakie mogłyby być trzy rozwiązania twojej obecnej sytuacji finansowej?

Odpowiedź 1:
_____
_____
_____
_____

Odpowiedź 2:
_____
_____
_____

Odpowiedź 3:
_____
_____
_____
_____

No dobrze, każdy ma odpowiedzi? Ktoś nie ma odpowiedzi? Dobrze, teraz przejdźcie do początku stron, przeczytajcie pytania i zadajcie sobie pytanie, czy byliście ze sobą totalnie szczerzy i czy te odpowiedzi nie są przypadkiem tym, co życzylibyście sobie mieć. Jeśli tak jest – zmieńcie odpowiedzi.

Popatrzcie na odpowiedzi i zadecydujcie czy napisaliście je szczerze, szczerze wobec siebie. Nie ma poprawnych odpowiedzi, nie ma złych odpowiedzi, są tylko punkty widzenia; to wszystko – tylko punkty widzenia. I one są ograniczeniami, z poziomu których wykreowałeś swoje życie. Jeśli funkcjonujesz z pozycji kosmicznej prawidłowej odpowiedzi, wówczas nie jesteś ze sobą szczery, bo gdybyś był, twoje życie wyglądałoby troszeczkę inaczej.

Czym są pieniądze? Dla niektórych to samochody, dla innych domy, dla jeszcze innych to bezpieczeństwo, dla niektórych to wymiana energii. Ale czy one tym naprawdę są? Nie. Nie są. To energia, tak jak ty jesteś energią. Nie ma różnicy między tobą a pieniędzmi nie licząc punktów widzenia, które im nadajesz. A narzucasz na nie te punkty widzenia, ponieważ je kupiłeś od innych.

Gdybyś zechciał zmienić to, czym jest twoja sytuacja finansowa, gdybyś zechciał zmienić to, czym są pieniądze w twoim życiu, wówczas musiałbyś nauczyć się być w przyzwoleniu ze wszystkim. Ale przede wszystkim, kiedy ktoś narzuca na ciebie swój punkt widzenia, musisz się temu przyjrzeć i sprawdzić, czy to jest dla ciebie prawdziwe. Jeśli jest prawdziwe, to znaczy, że zgodziłeś się z tym lub podporządkowałeś i uczyniłeś to solidnym i trwałym. Jeśli to nie jest dla ciebie prawdziwe, to albo masz na to reakcję, albo to odrzucasz, i to sprawia, że czynisz to solidnym i trwałym. Nawet twoje osobiste punkty widzenia nie potrzebują zgadzania się na nie, muszą pozostać tylko interesującymi punktami widzenia.

To czym jesteś, co chciałbyś mieć, musisz tym BYĆ. To, czym nie potrafisz być, nie możesz mieć. Jeśli widzisz pieniądze na zewnątrz siebie (poza sobą), nie możesz ich mieć. Jeśli widzisz pieniądze wszędzie poza tym, że są w twoim istnieniu, nigdy ich nie będziesz miał i nigdy nie będzie ich wystarczająco dużo z twojego punktu widzenia.

$$\$$$

ROZDZIAŁ PIERWSZY

Czym są pieniądze?

Rasputin: OK, jesteście gotowi? Wszyscy skończyli? Jesteście zadowoleni ze swoich odpowiedzi? Dobrze. A teraz zaczniemy mówić o pieniądzach. Na początek popatrzcie na swoje odpowiedzi, które zapisaliście na kartce, czy teraz widzicie swoje własne punkty widzenia na temat pieniędzy. Myślicie, że wasze życie jest sytuacją finansową, w której się znajdujecie i kupujecie punkt widzenia, że wasze życie, w którym jesteście obecnie, jest waszą rzeczywistością finansową. Interesujący punkt widzenia.

Po raz kolejny, porozmawiamy, na temat różnicy pomiędzy przyzwoleniem i akceptacją. Przyzwolenie: jesteś kamieniem w strumieniu i każda myśl, pomysł, przekonanie lub decyzja przypływa do ciebie, opływa ciebie dookoła i płynie dalej; jeśli jesteś kamieniem w strumieniu, jesteś w przyzwoleniu. Kiedy jesteś akceptacją, wszystkie pomysły, myśli, przekonania, decyzje przychodzą do ciebie i stają się częścią strumienia, a ty pozwalasz się temu zmyć.

Akceptacja ma trzy składniki: zgodzenie się lub przystanie na coś, co czyni to solidnym; zaprzeczenie, które czyni to solidnym i reakcja, która również czyni to solidnym. Jak to wygląda w zwykłym życiu? Twój przyjaciel mówi do ciebie: „Na świecie nie ma wystarczająco dużo pieniędzy". Jeśli się z tym zgodzisz lub na to przystaniesz i powiesz „Tak, masz rację", zakleszczysz to w jego i swoim życiu. Jeśli będziesz się temu zapierał to pomyślisz - „Ten facet chce ode mnie pieniądze" i zakleszczysz to w jego i swoim życiu. Kiedy będziesz w reakcji, powiesz - „No cóż , ja mam mnóstwo pieniędzy w moim życiu i nie rozumiem dlaczego ty masz z tym problem" lub powiesz „To mnie nie dotyczy, nie ma takiej możliwości", wówczas to kupiłeś, zapłaciłeś za to i zabrałeś do domu, i zakleszczyłeś w to samego siebie.

Jeśli przyjaciel ci powie „Na świecie nie ma wystarczająco dużo pieniędzy", to tylko interesujący punkt widzenia. Za każdym razem, kiedy słyszysz informację na temat pieniędzy, musisz natychmiast zauważyć, że jest ona tylko interesującym punktem widzenia; to nie musi być twoją rzeczywistością, nie musi nic takiego się stać. Jeśli myślisz, że łatwiej jest pożyczać i później to spłacać, to robisz to solidnym i wówczas kreujesz niekończący się dług. A przecież jest to tylko interesujący punkt widzenia.

Czym są pieniądze? No cóż, niektórzy z was myślą, że to złoto, niektórzy, że samochody, niektórzy myślą, że pieniądze to domy, niektórzy, że pieniądze to wymiana energii, niektórzy z was myślą, że jest to środek wymiany. Zauważcie, że każdy punkt widzenia czyni to solidnym. Pieniądze są tylko energią. Na świecie nie ma nic, dosłownie nic, co nie byłoby energią.

Jeśli patrzysz na swoje życie i myślisz, że nie masz wystarczająco dużo pieniędzy, to co naprawdę mówisz do aniołów, które siedzą z tobą po to, żeby cię wspierać, to co im mówisz, to właśnie to, że nie potrzebujesz dodatkowych pieniędzy, nie chcesz energii. Tak naprawdę, nie potrzebujesz tego, ty jesteś energią i posiadasz nielimitowany jej zapas. Posiadasz dużo więcej energii niż trzeba, aby robić wszystko, czego pragniesz w swoim życiu, ale nie wybierasz tego, aby kreować siebie jako pieniądze, energię i moc.

Czym jest dla ciebie moc? Dla większości z was kojarzy się z przytłaczaniem innych lub z kontrolowaniem innych ludzi, lub kontrolowaniem swojego życia, albo narzuceniem kontroli na swoje życie, lub kontrolowaniem swojego finansowego przeznaczenia. Interesujący punkt widzenia, prawda?

Finansowe przeznaczenie – co to takiego jest? To dziwny program, to jest to, co jest programem przeznaczenia. Za każdym razem kiedy mówisz „muszę mieć program finansowej wolności", to mówisz sobie, że to ty, osobiście nie posiadasz wolności. I dlatego ograniczyłeś całkowicie swoje wybory i to, czego doświadczasz.

Prosimy was, abyście na moment zamknęli oczy i zaczęli ciągnąć energię z przodu was, ciągnijcie ją przez każdą komórkę swojego Ciała. Nie wdychajcie jej, po prostu ciągnijcie. Dobrze, a teraz pociągnijcie ją z tyłu, zewsząd. A teraz z waszych boków i z dołu. Zauważcie, że jest całe mnóstwo dostępnej energii, kiedy ją ciągniecie. A teraz zamieńcie to w pieniądze. Zauważcie jak wielu z was spięło się w tej sekundzie. To nie była już energia, którą ciągnęliście, to było coś ważnego. Kupiliście tę myśl, że pieniądze są ważne i dlatego zrobiliście to solidnym, przystaliście za zgodą całego świata, że w ten sposób właśnie się funkcjonuje, funkcjonuje na energii. Świat nie funkcjonuje na pieniądzach, świat funkcjonuje na energii. Świat płaci monetami energii i jeśli podarowujesz i otrzymujesz od pieniędzy jako energii, wówczas będziesz miał obfitość.

Ale dla większości z was przypływy energii są kategorią, że to tylko idea. Pociągnij energię raz jeszcze do całego swojego ciała, ciągnij, ciągnij. Czy możesz się tego trzymać? Czy czujesz, że to się buduje i staje się coraz większym i większym? Czy to się zatrzymuje w tobie? Nie, wy po prostu jesteście energią i kierunek, w którym skupiacie swoją uwagę, jest sposobem w jaki kreujecie energię. Pieniądze są tym samym.

Wszystko w świecie jest energią. Nie ma miejsca, z którego nie mógłbyś otrzymać energii. Możesz otrzymać energię od psa siedzącego na ziemi, od siusiu na śniegu albo od samochodu, lub taksówkarza. No właśnie, macie to? Otrzymujesz energię od wszystkiego. A teraz weźcie tego taksówkarza i poślijcie mu z przodu siebie olbrzymią ilość pieniędzy, nie ważne jaki to taksówkarz. Posyłajcie mu więcej, więcej, więcej, więcej, więcej, więcej, więcej, więcej. A teraz poczujcie energię, która przeciąga się przez wasz tył. Czy ograniczacie ilość energii, która przepływa przez wasz tył?

Skąd przypływają pieniądze? Jeśli widzisz, że przypływają z prawej lub lewej strony, wówczas widzisz, że twoje życie opiera się na pracy, ponieważ tylko poprzez prace możesz mieć pieniądze. Jeśli widzisz je, że przypływają z przodu, to znaczy, że należą do przyszłości. Jeśli widzisz, że przypływają z tyłu, widzisz je, że przypływają z przeszłości. I to był jedyny moment, kiedy miałeś pieniądze. Twoje życie toczy się wokół: „miałem pieniądze, a teraz nie mam nic, to jest takie żałosne". To nie jest rzeczywistość, to tylko interesujący punkt widzenia.

A teraz kiedy pieniądze przypływają, czy płyną poprzez czakrę serca, czakrę podstawy czy czakrę korony, skąd przypływają do ciebie? Przypływają zewsząd, z całości twojego istnienia, niech wpływają do całego twojego istnienia.

Jeśli widzisz pieniądze, które przychodzą do ciebie z góry, myślisz, że to twój duch dostarczy ci pieniądze. Duch dostarczy ci energię, energię do kreowania wszystkiego, co zadecydowałeś, że wykreujesz. Co robisz, co robisz aby wykreować pieniądze? Po pierwsze musisz stać się mocą. Moc nie polega na osądzaniu jeden drugiego, nie chodzi o kontrolę. Moc jest energią… nieograniczoną, ekspansywną, rosnącą, wspaniałą, przepiękną, fantastyczną, żywiołową i szybką energią. Jest wszędzie, nie ma umniejszania siebie w energii, nie ma umniejszania siebie w mocy, nie ma umniejszania siebie w stosunku do innych. Kiedy jesteś mocą, jesteś w całości sobą! Kiedy jesteś sobą, jesteś energią i jako energia wszystko jest do ciebie podłączone, co oznacza, że również nieograniczone zasoby pieniędzy są podłączone do ciebie.

Teraz, staniesz się mocą i aby to zrobić, powiesz 10 razy z rana każdego dnia „Jestem mocą" i 10 razy wieczorem „Jestem mocą". Czym jeszcze musisz być? Kreatywnością. "Jestem kreatywnością". Czym jest kreatywność? Kreatywność to wizja twojego życia i pracy, którą pragniesz robić, jako esencja ciebie, duszy energii. Wszystko co robisz, z pozycji kreatywności, nie ważne czy zmywasz podłogę, czyścisz toaletę, myjesz okna, czy talerze, gotujesz posiłek, wypisujesz czek, wszystko zrobione z pozycji kreatywności połączonej z mocą, równa się energia i skutkuje w pieniądzach, ponieważ one wówczas są tym samym.

Następnym elementem, jaki musisz mieć, jest świadomość. Czym jest świadomość? Jest uznaniem, że wszystko, wszystko o czym myślisz kreuje się. To się manifestuje. To sposób w jaki poprzez twoje myśli przejawia się twoje życie.

Jeśli masz kreatywny obraz tego, dokąd zmierzasz i co będziesz robić, i połączysz to ze świadomością, to to się zamanifestuje. Ale to co jeszcze robisz z tym planem, to dodajesz element czasu – czasu! Czas to twój zabójca, ponieważ jeśli nie zamanifestujesz miliona dolarów jutro, po ukończeniu dzisiejszej klasy, zdecydujesz, że to nic nie warte zajęcia, zapominając wszystko czego się nauczyłeś.

Zatem w jaki sposób uwzględnić czas? Poprzez bycie kontrolą. „Jestem kontrolą".

Co oznacza "jestem kontrolą"? "Jestem kontrolą" to zrozumienie, że w odpowiednim czasie, w odpowiedni sposób, bez zdefiniowanej ścieżki, to co wizualizujesz jako kreatywność, to czego jesteś świadomy, jako zakończenie tego, do czego jesteś podłączony, jako tego moc, jako energia tego, zaistnieje w swoim własnym czasie i w swoich własnych ramach czasowych. I jeśli złożysz te cztery składniki razem i pozwolisz wszechświatowi dopasować każdy aspekt tak, aby świat dostroił się do tego żeby być twoim niewolnikiem, to zamanifestujesz dokładnie to, czego pragniesz.

Porozmawiajmy chwilę o pragnieniu. Pragnienie to emocja, z pozycji której chcesz kreować. Czy jest to rzeczywistość? Nie, jest to tylko interesujący punkt widzenia. Jeśli pragniesz ciuchów, robisz to z pozycji tego, że jest ci zimno, jest ci za gorąco, czy po prostu znosiłeś swoje buty? Nie, nie robisz tego z tego powodu, robisz to z innych powodów. Ponieważ ktoś ci powiedział, że dobrze ci w tym kolorze albo ktoś powiedział, że cię widział już tyle razy w tej koszuli, albo dlatego, że myślą......(śmiech). Tak, podoba nam się, że w końcu zrobiło się tu lżej (śmiech).

Dobrze, więc pragnienie, to miejsce, gdzie przesyłasz emocjonalną potrzebę domagania się, by stało się rzeczywistością. Ty, jako istnienie, ty jako energia, ty jako moc, ty jako kreatywność, ty jako świadomość i ty jako kontrola nie masz żadnych pragnień, żadnych, brak pragnień. Nie dbasz o to, czego doświadczysz, wybierasz tylko aby doświadczać. Ale to, czego nie wybierasz na tej płaszczyźnie, to nie wybierasz lekkości, bo to mogłoby oznaczać, że musisz być mocą, ponieważ to oznacza, że musisz zamanifestować na tej ziemi pokój, spokój, radość, śmiech i obfitość. Nie tylko dla siebie samego, ale dla wszystkich innych ludzi.

Wybierasz z poziomu umniejszania się. Jeśli stajesz się mocą, którą jesteś, wówczas to, co jest od ciebie wymagane, to życie w radości, lekkości i glorii.

Gloria to żywiołowe wyrażanie życia i obfitość we wszystkim.

Czym jest obfitość we wszystkim? Obfitość we wszystkim, to zrozumienie prawdy tego, że jesteś połączony do każdego jednego istnienia na tym planie, do każdej molekuły na tej płaszczyźnie, i każda z tych molekuł jest wsparciem dla ciebie i energii oraz mocy, którą jesteś. Jeśli funkcjonujesz z pozycji mniejszej niż to, jesteś po prostu mięczakiem.

Z tego poziomu osłabienia, finansowej niepewności, kreujesz siebie na kogoś małego, kogoś, kto nie ma siły i nic więcej nie jest w stanie.
Nie jest w stanie podjąć wyzwania z tym, kim naprawdę jesteś, ponieważ jesteś siłą, jesteś kontrolą, jesteś świadomością, jesteś kreatywnością. I te cztery elementy tworzą obfitość. Więc stań się nimi, używaj tego każdego dnia do końca swojego życia, albo do momentu, aż sam staniesz się nimi. I możesz dodać jeszcze jeden element i mówić „Jestem pieniędzmi, Jestem pieniędzmi". Dobrze, teraz poprosimy was abyście powiedzieli razem z nami, mówcie razem z nami, zrobimy trochę tych „jestem". Dobrze? Zatem zaczynamy:

Jestem mocą, jestem świadomością, jestem kontrolą, jestem kreatywnością, jestem pieniędzmi, jestem kontrolą, jestem mocą, jestem świadomością, jestem kreatywnością, jestem mocą, jestem świadomością, jestem kontrolą, jestem kreatywnością, jestem pieniędzmi, jestem świadomością, jestem mocą, jestem kontrolą, jestem świadomością, jestem mocą, jestem kontrolą, jestem pieniędzmi, jestem kreatywnością, jestem radością. Dobrze.

A teraz poczuj swoją energię, poczuj to poszerzenie, które czujesz od swojej energii. To jesteś prawdziwy ty i to jest miejsce, z którego kreujesz przepływ pieniędzy. Wy macie taką tendencję – wciskacie się w malutkie państewko, które nazywacie swoim ciałem i z tego punktu zaczynacie myśleć. Przestańcie myśleć, umysł jest bezużyteczny w tym przypadku, wyrzuć umysł i zacznij funkcjonować jako prawda siebie, moc siebie, ekspansja siebie. Bądź w całości. A teraz, ściągnijcie się do waszego finansowego świata. Dobrze się tam czujecie?

Student: Nie

R: Oczywiście, to dlaczego wybieracie życie w nim? Z jakiego ograniczonego przekonania funkcjonujecie? Zapiszcie to.

Z jakiego ograniczającego przekonania funkcjonujesz w życiu, które wykreowało twój finansowy świat?

Odpowiedź:_____ _____
_____
_____
_____

A teraz pozostańcie w tej przestrzeni jako moc i popatrzcie na ten finansowy świat, który wykreowaliście w środku siebie, nie jako rzeczywistość ale jako przestrzeń, z której funkcjonujecie. Jakie ograniczające przekonanie posiadacie, aby funkcjonować w ten sposób? Nie wchodźcie z powrotem do swoich ciał, my czujemy, że to robicie. Dotknijcie przestrzeni, nie bądźcie w nim. Dziękuję, właśnie tak. Poszerzcie się, dokładnie tak. Nie wchodźcie z powrotem do tej przestrzeni. Robicie to znowu. Wychodźcie.

Jestem mocą, jestem świadomością, jestem kontrolą, jestem kreatywnością, jestem pieniędzmi, jestem mocą, jestem kontrolą, jestem kreatywnością, jestem pieniędzmi, jestem mocą, jestem kontrolą, jestem kreatywnością, jestem pieniędzmi, jestem kontrolą, jestem kreatywnością, jestem pieniędzmi, jestem świadomością, jestem świadomością, jestem świadomością. Dokładnie tak, dziękuję.

Teraz jesteście poza swoimi ciałami. Zawsze wybieracie umniejszenie się do rozmiaru swojego ciała, później wybieracie ograniczenie na temat tego, co możecie otrzymać, ponieważ <u>myślicie, że tylko wasze ciała otrzymują energię pieniędzy</u>, co nie jest prawdą. <u>To</u> jest kłamstwem poprzez które funkcjonujecie. Dobrze, czy jesteście poszerzeni? Dobrze, a teraz popatrzcie na to pierwsze pytanie, wszyscy mają odpowiedź? Kto nie ma odpowiedzi?

S: Ja nie mam.

R: OK, nie masz odpowiedzi? Przypatrzmy się temu. Co uważasz za swoją sytuację finansową? Poczuj to w swoim ciele – gdzie jest umieszczona?

S: W moich oczach

R: W twoich oczach? Twoja sytuacja finansowa jest tu, żebyś nie widział, co kreujesz, prawda?

S: Tak.

R: Więc, czy masz świadomość w oczach? Ah, interesujące, teraz zacząłeś uciekać, zauważyłeś? Tak, zacząłeś uciekać. Ograniczające przekonanie, z poziomu którego funkcjonujesz to „Nie jestem na tyle przewidujący, żeby wiedzieć co się stanie i jak mogę to skontrolować". Prawda?

S: Tak.

R: Dobrze. Więc jak się pozbyć tego przekonania? Teraz, czy wszyscy macie i wiecie z pozycji jakiego przekonania funkcjonujecie? Kto jeszcze potrzebuje wsparcia i pomocy?

S: Ja.

R: Tak? Więc jak wygląda twoja sytuacja finansowa i gdzie ją czujesz w ciele?

S: W moim splocie słonecznym i w gardle.

R: Tak, dobrze. Więc czym jest splot słoneczny i gardło? Wejdź w to, poczuj w całości, tak, dobrze, dokładnie tak. Dobrze, czy poczuliście, że robi się coraz ciężej i ciężej? Tak, więcej i więcej sytuacji finansowej, tak się w niej czujesz, jak wchodzisz w finansowe problemy, tak? Dobrze, teraz to odwróć i pozwól żeby poszło w inną stronę. Dokładnie, czujesz to? To się zmienia, dokładnie teraz, prawda?

S: Uhu.

R: Twoje finansowe przekonania mówią o tym, że nie masz mocy lub głosu, aby mówić prawdą siebie żeby rzeczy się zadziały.

S: Tak.

R: Tak, dokładnie. Dobrze. Widzisz. Teraz każdy z was rozumie metodę, to jest sposób w jaki odkręcasz efekt, który wykreowałeś we własnym ciele, we własnym świecie. Tam gdzie czujesz finansowe ograniczenia w swoim ciele, odkręcasz je i pozwalasz im wydobyć się z siebie, żeby były na zewnątrz ciebie, nie wewnątrz. Aby były nie częścią ciebie a interesującym punktem widzenia. W rzeczy samej. Sposób w jaki funkcjonujesz jako ograniczenie twojego ciała, również kreuje ograniczenie twojej duszy. Teraz, kto ma zawroty głowy?

S: Ja mam.

R: Troszkę się kręci, prawda? OK. Kręcenie się w głowie? Czy nie jest to miejsce gdzie czujesz wszystkie rozważania na temat pieniędzy? Tak, że zakręcają cię, żebyś nie wiedział jak sobie z nimi poradzić? Wystaw to zakręcenie na zewnątrz głowy. Ach... poczuj to, poczuj. A teraz poszerz się. Nie ma już rzeczy, która jest poza kontrolą w twojej głowie. Nie ma czegoś poza kontrolą, to bzdura! Jedyną rzeczą, która cię kontroluje to czerwone światło, a kiedy zapali się zielone, mówi ci, że możesz jechać, to się dzieje wtedy, kiedy jedziesz samochodem. Dlaczego słuchasz się tych zielonych i czerwonych świateł kiedy jesteś w swoim ciele? Odruch Pawłowa? A teraz poprosimy cię, abyś wrócił do pierwotnych pytań. Jakie było pierwsze pytanie?

S: Czym są pieniądze?

R: Czym są pieniądze? Czym są dla was pieniądze? Odpowiedzi.

S: Moja pierwsza odpowiedź, to moc. Druga to mobilność, trzecia wzrost.

R: Dobrze. Więc która z nich jest prawdziwa?

S: Moc.

R: Naprawdę?

S: Moc, to całkowita prawda.

R: Czy to na pewno jest prawda? Myślisz, że pieniądze są mocą? Masz pieniądze?

S: Nie

R: Czyli nie masz mocy?

S: Tak

R: Czy tak naprawdę się czujesz? Bezsilny? Gdzie czujesz tę bezsilność?

S: Kiedy to mówisz w ten sposób, czuję to w moim splocie słonecznym.

R: Tak, więc co z tym zrobisz? Odwróć to.

S: Ale wiesz co, kiedy poczułem pieniądze, poczułem je w moim sercu i kiedy muszę coś zrobić, gdzie czuję...

R: Tak, bo tu chodzi o moc, problem mocy, który czujesz w swoim splocie słonecznym. Sprzedałeś swoją moc i ją oddałeś, musisz odwrócić ten przepływ. Moc jest twoja, masz moc. Nie kreujesz mocy, jesteś nią. Czujesz? Jak to odwrócisz zaczynasz się rozprzestrzeniać, nie wchodź do głowy, nie myśl o tym, poczuj to! Tak, dokładnie tam, odepchnij tę moc na zewnątrz.

Widzisz co to znaczy? Dla was wszystkich, rzeczywistość jest wtedy, gdy masz pieniądze jako moc, próbujesz wykreować moc i robiąc to założyłeś już, że nie masz mocy, to podstawowe założenie. Wszystko co cię zakleszcza, posiada prawdę z przyczepionym do niej kłamstwem.

S: Czy możesz to powiedzieć jeszcze raz, proszę?

R: Wszystko, co zakleszcza twoją uwagę, na temat mocy?

S: Tak

R: Kiedy czujesz moc, jako coś co przychodzi do ciebie, to znaczy, że już założyłeś, że ty jej nie masz. Założyłeś. I co to robi z tobą? Umniejsza cię. Nie kreuj z poziomu założenia, założenia, że pieniądze są mocą – poczuj to. Pieniądze jako moc – czy robisz to solidnym, czy jest to tylko interesujący punkt widzenia? Ty czynisz to solidnym uważając, że pieniądze są mocą, poczuj tego energię. Jest to solidne, prawa? Czy możesz funkcjonować poprzez energię solidności? Nie, ponieważ to jest miejsce, z którego zrobiłeś pudełko, w którym żyjesz i gdzie wszystko jest uwięzione, właśnie teraz! W tym pomyśle, że pieniądze są mocą. Twoja następna odpowiedź?

S: Moją następną odpowiedzią jest ruchliwość.

R: Ruchliwość?

S: Tak.

R: Czyli pieniądze pozwalają ci się poruszać?

S: Tak.

R: Poważnie? Nie masz pieniędzy, ale udało ci się przyjechać z Pensylwanii do Nowego Jorku.

S: No cóż, jeśli w ten sposób to ujmiesz...

R: Przyjechałaś?

S: Tak.

R: I jak wiele energii tutaj dostałaś, która dokonała zmiany w tobie?

S: Oh, dużo więcej niż zabrało mi dostanie się tu. O to ci chodzi?

R: Tak, to interesujący punkt widzenia, prawda? Więc w którą stronę przeciągasz, bardziej na zewnątrz czy do wewnątrz?

S: Oh, z tego punktu widzenia, do wewnątrz.

R: Dobrze. Ale widzisz, zawsze myślisz, że umniejszasz się ponieważ otrzymujesz energię, ale nie widzisz pieniędzy jako energii, która może napływać i napływać. Pozwalasz na energię z wielką radością, czy nie?

S: Tak.

R: Bardzo gusto?

S: Tak.

R: Gloria. A teraz poczuj glorię energii, energii, której doświadczyłeś w ostatnich dniach. Czujesz to?

S: Tak.

R: Przełącz to wszystko na pieniądze. Juhu, jaką trąbą powietrzną to mogłoby być?

S: (śmiech).

R: Więc, dlaczego nie pozwolisz temu być w swoim życiu aż do końca dni? Dlatego, że nie pozwalasz sobie otrzymywać. Ponieważ masz założenie, że potrzebujesz. Co czujesz jak mówię potrzeba?

S: Nic specjalnego.

R: Czujesz, że jest to solidne, co? To przykrywka na twoim pudełku. *Potrzeba*, to najbrudniejsze słowo w twoim słowniku. Wyrzuć je! Weź je, właśnie teraz, zapisz na papierze, na oddzielnej kartce. Zapisz „potrzeba"! wyrwij to z zeszytu i porwij na drobne kawałki! A teraz musisz włożyć te kawałki papieru do kieszeni, bo „D" (inny student) będzie miał problem. (Śmiech) Dobrze! Jak się teraz czujecie?

S: Dobrze.

R: Czy to nie wspaniałe, co? Tak, no dobrze, więc za każdym razem, kiedy użyjesz słowa *potrzeba*, zapisz to i podrzyj na kawałki, aż wymażesz to ze swojego słownika.

S: Czy mogę zadać ci pytanie?

R: Tak, macie pytania?

S: Tak, właśnie ... myślałam wcześniej, że te słowa, które wyjaśniałeś wcześniej jak *moc, energia, świadomość*, że są one wymienne/jednoznaczne.

R: Nie do końca. Jeśli nadasz im znaczenie, uczynisz je solidnymi. Musisz utrzymywać je jako przepływ energii. Moc jest energią, świadomość jest energią jako wiedzenie, bez wątpienia, bez wahania. Jeśli myślisz „będę mieć milion dolarów w następnym tygodniu", a w środku odzywa ci się głosik „chcesz się założyć"? albo ten co mówi „w jaki sposób to osiągniesz" albo „o Boże, nie mogę uwierzyć, że do tego się zobowiązałem" z tej pozycji działasz przeciwko sobie, gdyż uznałeś, że nie może to się ukazać w tym czasie, który określiłeś na kreację tego, a to jest problem kontroli.

Jeśli powiesz „marzę o tym, żeby mieć milion dolarów w banku" i wiesz, że to osiągniesz bez wyznaczania terminu, ponieważ posiadasz kontrolę aby monitorować swój proces myślenia i za każdym razem jak masz myśl przeciwko temu, myślisz „oh, to interesujący punkt widzenia" i wymazujesz ją, to twoje marzenie może ukazać się jeszcze szybciej. Za każdym razem, kiedy masz myśl, której nie wymazujesz, wydłużasz czas, aż w końcu nie może to zaistnieć.

Cofasz się. Widzisz, jeśli popatrzysz na to jako na założenie, powiedzmy, że masz trójnik do golfa, no dobrze, tu masz ten punkt i wkładasz tam pomysł na milion dolarów na górze tego punktu, za każdym razem jak coś powiesz, pomyślisz coś negatywnego, na temat tego, co zdecydowałeś wykreować, odcinasz podstawę, do momentu, aż przechyli się i przewróci. I już jej nie ma. Następnie budujesz ją od nowa i znów decydujesz, ale znów zaczynasz ją odcinać. Jej równowaga, w punkcie – musisz mieć punkt i trzymać go jako wiedzenie, jako rzeczywistość, która już funkcjonuje. I może w końcu, po jakimś tam czasie dostaniesz to, co wykreowałeś. Tylko wtedy to masz, jest twoje. A teraz przejdźmy do następnego słowa, czyli poruszania się/ruchliwości. Czym jest ruchliwość? Poruszaniem twojego ciała?

S: No cóż, właśnie o to mi chodziło.

R: Masz na myśli poruszanie ciałem dookoła, czy masz na myśli wolność?

S: Jedno i drugie.

R: Jedno i drugie?

S: Tak.

R: No cóż i znowu założeniem jest to, że tego nie posiadasz. Zauważ, to twoje założenia, które są negatywnymi punktami widzenia, nie pozwalają ci, nie pozwalają ci otrzymywać tego, czego pragniesz w życiu. Kiedy powiesz, potrzebuję lub pragnę wolności, automatycznie wykreowałeś punkt widzenia, że nie masz wolności. Nie jest to ani mocą, ani świadomością, ani kontrolą, ani kreatywnością. No, może jakąś tam kreatywnością. Wykreowałeś to i uczyniłeś z tego rzeczywistość z poziomu której funkcjonujesz. To świadomość jest procesem, przez który kreujesz swoje życie, nie przez założenia. Nie możesz funkcjonować jako przypuszczenie, malutka aliteracja, czas napisać wiersz. Dobrze, trzecia odpowiedź.

S: Trzecia, to wzrost.

R: Oh, nie urosłaś w ciągu ostatnich 20 lat?

S: Cóż, wzrost, miałam tę myśl, że potrzebuję podróżować aby…

R: Co powiedziałaś?

S: Że chciałabym móc podróżować…

R: Co powiedziałaś?

S: Powiedziałam, że chciałabym, oh! Powiedziałam „potrzebuję".

R: Tak, zapisz to i porwij. (śmiech). Porwij to lepiej na mniejsze kawałki.

S: Chyba tak zrobię. Chciałabym móc podróżować dookoła świata i usłyszałam o tych ekscytujących warsztatach, gdzie mogę się czegoś nauczyć.

R: Interesujący punkt widzenia. A teraz, jaki jest automatyczny punkt widzenia, założenie, z poziomu którego funkcjonujesz? „Że mnie na to nie stać", „Że nie mam wystarczająco pieniędzy". Poczuj swoją energię. Poczuj swoją energię, jak ją czujesz?

S: Teraz się poszerza.

R: Dobrze. Ale kiedy tak mówisz, co czujesz?

S: Kiedy to mówię?

R: Tak. Kiedy zakładasz, że nie masz wystarczająco dużo pieniędzy.

S: Oh, wtedy czuję umniejszenie, czuję ...

R: Dobrze. Więc, czy musisz jeszcze funkcjonować z tego poziomu?

S: Mam nadzieję, że nie.

R: Masz nadzieję, że nie? Interesujący punkt widzenia.

S: Na pewno, nie.

R: Świadomość, świadomość, za każdym razem, kiedy tak się czujesz, obudź się! Kiedy się tak czujesz, nie jesteś już prawdą siebie. Nie jesteś już mocą, świadomością, kontrolą, kreatywnością czy pieniędzmi. Dobrze. Czy ktoś ma jakieś punkty widzenia na temat tego, czym są dla niego pieniądze, które wymagają wyjaśnienia na temat przyjętych punktów widzenia?

S: Tak.

R: Tak?

S: Moja pierwsza odpowiedź to kosmiczne paliwo.

R: Kosmiczne paliwo? Czy naprawdę w to wierzysz i jakie się pod tym kryje założenie? Że nie masz kosmicznego paliwa? Założenie, które się pod tym kryje to, że nie masz kosmicznego paliwa, że nie jesteś podłączony do kosmosu, i że nie jesteś świadomością. Czy któraś z tych rzeczy jest prawdziwa?

S: Nie.

R: Nie, nie jest. Więc, nie funkcjonuj z poziomu założeń lecz funkcjonuj z poziomu rzeczywistości. Posiadasz kosmiczne paliwo, całą masę, masę, całą obfitość. Tak, dokładnie tak. Masz to? Masz jeszcze jakiś punkt widzenia, o który chcesz zapytać?

S: Tak, mam poduszkę bezpieczeństwa.

R: Ah, bardzo interesujący punkt widzenia, zgadujemy, że jest około sześciu lub siedmiu innych osób tutaj, które mają podobny punkt widzenia. Jakie jest tu założenie, z poziomu którego tu funkcjonujesz? Pod tym się kryją trzy punkty widzenia. Popatrz na nie, co widzisz, co tu zakładasz? Po pierwsze zakładasz, że przeżyjesz albo, że musisz przeżyć. Ile miliardów lat sobie liczysz?

S: Sześć

R: Co najmniej. Czyli przeżywałeś sześć miliardów lat, w jak wielu wcieleniach mogłeś zabrać ze sobą poduszkę (śmiech), co?

S: We wszystkich.

R: Zabierałeś poduszkę pieniędzy przez te wszystkie wcielenia, poduszkę przetrwania?

S: Tak.

R: Kiedy mówisz o przetrwaniu tak naprawdę mówisz o swoim ciele zakładając, że jesteś ciałem i możesz przeżyć tylko z pieniędzmi. Przestań oddychać i weź oddech energii przez swój splot słoneczny i nie wciągaj olbrzymiej ilości powietrza, żeby to zrobić. Zauważ, że możesz wziąć trzy do czterech oddechów energii przed momentem, kiedy czujesz, że musisz wziąć oddech i twoje ciało się energetyzuje. Tak, dokładnie tak. A teraz możesz oddychać, oddychaj energią tak, jak oddychasz powietrzem. W ten sposób stajesz się energią i pieniędzmi, oddychasz energią z każdym oddechem, wdychasz pieniądze z każdym oddechem, nie ma różnicy między tobą i pieniędzmi. Dobrze. Rozumiesz? Czy to jest zrozumiałe?

S: Czy ja to pojmuję?

R: Czy rozumiesz teraz w jaki sposób funkcjonujesz i jakie masz założenie?

S: Tak.

R: Dobrze, i czy jeszcze tego potrzebujesz?

S: Nie.

R: Dobrze. Więc, co możesz z tym zrobić? Zmienić to, możesz zmienić te rzeczy, odrzucić założenia i wykreować nowy punk widzenia jako moc, energię, kontrolę, kreatywność, jako pieniądze. Jaki nowy punkt widzenia mógłabyś mieć?

S: Taki, że jestem mocą, że jestem energią.

R: Dokładnie, i tym właśnie jesteś, prawda? I zawsze byłaś? Jakiż to interesujący punkt widzenia. Dobrze, więc następne pytanie, kto się zgłasza?

S: Powiedziałeś, że były trzy założenia z poduszką.

R: Tak.

S: Dostaliśmy tylko jedno, prawda?

R: Dostaliście dwa.

S: Dwa? Muszę przeżyć.

R: Przeżyję, muszę przeżyć, nie mogę przeżyć.

S: OK.

R: A jakie jest trzecie? Pomyśl o tym. Nie jestem w stanie przeżyć. Niewypowiedziany punkt widzenia.

ROZDZIAŁ DRUGI

Co znaczą dla ciebie pieniądze?

Rasputin: Przeczytajcie proszę drugie pytanie i odpowiedzi.

Student: Co znaczą dla ciebie pieniądze?

R: Jaka jest pierwsza wasza odpowiedź?

S: Bezpieczeństwo.

R: Bezpieczeństwo, w jaki sposób pieniądze są bezpieczeństwem?

S: Jeśli je masz, jesteś bezpieczny na temat swojej teraźniejszości i przyszłości.

R: Interesujący punkt widzenia. Czy to jest prawdziwe, czy jest rzeczywiste? Jeśli masz pieniądze w banku a on zbankrutuje, jesteś bezpieczny? Jeśli masz pieniądze w domu a dom się spali w czasie, kiedy zapomniałeś przedłużyć ubezpieczenie, czy masz bezpieczeństwo?

S: Nie.

R: Jest tylko jedna forma bezpieczeństwa, którą posiadasz i żadne pieniądze nie mogą tego wykreować. Bezpieczeństwo jest w prawdzie ciebie, jako istnienia, duszy, jako jednego ze światła. I z tej pozycji kreujesz. Jesteś mocą jako energia. Jako moc, jako energia masz tylko jedno prawdziwe bezpieczeństwo. Gdybyś mieszkał w Kalifornii wiedziałbyś, że nie możesz być tu bezpieczny, ponieważ pod twoim stopami wszystko się rusza. Ale tu, na Wschodnim Wybrzeżu, wydaje ci się, że ziemia jest bezpieczna, ale tak nie jest. To co nazywasz światem nie jest nieruszającym się miejscem, ale energią. Czy te ściany są nie do ruszenia? Nawet naukowcy mówią, że nie, mówią, że molekuły poruszają się, ale wolniej, dlatego wygląda to na coś solidnego.

Czy ty jesteś solidny? Bezpieczny? Nie, jesteś przestrzenią między garścią molekuł, które wykreowałeś i uformowałeś jako widoczną solidność. Czy to bez-pieczeństwo? Jeśli możesz być bezpieczny poprzez pieniądze, czy możesz je ze sobą zabrać, jak umrzesz? Czy mógłbyś spowodować, aby twoje nowe ciało powróciło i zabrało je w następnym wcieleniu? Więc, czy kupisz bezpieczeństwo pieniędzmi, czy one naprawdę znaczą bezpieczeństwo, czy to tylko punkt widzenia, który kupiłeś od innych i na tym kreujesz swoje życie?

S: Więc, to co mi mówisz, to jeśli będę myślał pieniędzmi/o pieniądzach, wtedy mogę je wykreować?

R: Tak. Nie jeśli będziesz o nich myślał, kiedy nimi BĘDZIESZ!

S: Jak stać się pieniędzmi?

R: Po pierwsze posiadaj wizję swojego życia, zrobisz to poprzez "Jestem kreatywnością". Posiadasz kreatywność jako wizję. Jesteś „Jestem mocą" jako energia. Jesteś "Jestem świadomością" jako wiedzenie dokładnie tego, że świat będzie taki, jakim go widzisz. Jesteś „Jestem kontrolą", nie wymyślasz w jaki sposób się tam znajdziesz, ale w świadomości, że wszechświat poruszy tryby, aby dostarczyć ci twoją wizję, jeśli podtrzymasz swoją moc i świadomość razem z tym co robisz. Później, jak już masz te cztery elementy możesz stać się „Jestem pieniędzmi".

I możesz używać tych zdań, możesz powiedzieć „Jestem mocą, jestem świadomością, jestem kontrolą, jestem kreatywnością, jestem pieniędzmi". Używaj ich każdego ranka i wieczoru do chwili, aż staniesz się pieniędzmi, staniesz się kreatywnością, staniesz się świadomością, staniesz się kontrolą, staniesz się mocą. W ten sposób stajesz się pieniędzmi. To „ja jestem" byciem nimi. Ponieważ w ten sposób kreujesz teraz siebie. Widzisz, jeśli kreujesz siebie z punktu widzenia "otrzymuję bezpieczeństwo poprzez pieniądze" – co to jest? Sekwencja z futurystyką, prawda?

S: Tak.

R: Tak, żebyś nigdy tego nie osiągnął.

S: Zawsze musisz być w teraźniejszości?

R: Tak! To "ja jestem" zawsze utrzyma cię w teraźniejszości. Więc jakie inne punkty widzenia posiadasz na temat pieniędzy, co dla ciebie one znaczą?

S: Bezpieczeństwo było moim najgłówniejszym stwierdzeniem, ponieważ te dwa pozostałe to dom i przyszłość. Ale jeśli będę miał bezpieczeństwo, wówczas mój dom będzie bezpieczny i moja przyszłość będzie bezpieczna. Więc to naprawdę...

R: Poważnie? Czy to naprawdę jest prawdziwe?

S: Nie, nie, nie, nie jest. Rozumiem przez co mnie właśnie przeprowadziłeś, ponieważ moją pierwszą odpowiedzią było bezpieczeństwo.

R: Tak, dobrze.

S: Rozumiem te wszystkie "jestem."

R: Tak. Czy ktoś jeszcze ma punkt widzenia do przedyskutowania?

S: Szczęście.

R: Szczęście, pieniądze kupują ci szczęście?

S: Tak myślę.

R: Poważnie? Masz jakieś pieniądze w kieszeni?

S: Nie za wiele.

R: Jesteś szczęśliwy?

S: Hmmm...

R: Więc pieniądze ci tego nie kupiły, prawda?

S: Nie kupiły.

R: To prawda, to ty kreujesz szczęście, to ty kreujesz radość w swoim życiu, nie pieniądze. Pieniądze szczęścia nie kupią, ale jeśli masz ten punkt widzenia, że pieniądze kupują szczęście i nie masz pieniędzy, to jak możesz być szczęśliwy? A ocena, która pojawia się zaraz po tym to „nie mam tyle pieniędzy, żeby być szczęśliwym". I nawet, kiedy masz ich więcej, ciągle nie masz wystarczająco dużo pieniędzy, żeby być szczęśliwym. Widzisz co mam na myśli? Jak się z tym czujesz?

S: Ja po prostu, ja jestem zawsze szczęśliwy, ale wiedząc na przykład to, że muszę komuś zapłacić pieniądze na wtorek, a ich nie mam, powoduje, że mam zły humor.

R: Ach! Znów nam się pojawia ta jedna rzecz – czas. W jaki sposób ty kreujesz pieniądze?

S: Mam pracę, pracuję.

R: To bardzo interesujący punkt widzenia. To znaczy, że możesz otrzymać pieniądze tylko przez pracę?

S: Tego właśnie doświadczyłam.

R: Więc, który z punktów widzenia pojawił się jako pierwszy, myśl, że musisz ciężko pracować, żeby zarobić pieniądze, czy doświadczenie?

S: Myśl.

R: No tak. Więc, to ty to wykreowałaś, prawda?

S: Tak.

R: Więc, to ty jesteś za to odpowiedzialna; wykreowałaś swój świat dokładnie tak, jak wygląda ścieżka twojego myślenia. Wyrzuć rozum, on ci przeszkadza! Myślisz, że nie będziesz bogata, że będziesz ograniczona. Uprawiasz ten proces myślowy w ten sposób i sama siebie umniejszasz, ograniczyłaś siebie w tym, co otrzymasz, w tym, co osiągniesz. Zawsze byłaś zdolna wykreować radość, prawda?

S: Tak.

R: I na drodze do szczęścia stoją tylko rachunki, prawda?

S: Tak.

R: Dlatego, że to co robisz, to myślisz, masz wizję pieniędzy, wizję tego jak będzie wyglądać twoje życie?

S: Tak.

R: Więc, wyprodukuj tę wizję teraz? Co czujesz? Lekkość czy ciężkość?

S: Lekkość.

R: I kiedy jesteś w tej lekkości, czy już wiesz, że zapłacisz wszystko, co masz do zapłacenia?

S: Możesz to powtórzyć?

R: W tej lekkości, czy już wiesz, jako świadomość, że zawsze zapłacisz to, co powinnaś zapłacić?

S: Tak.

R: Wiesz o tym? Masz całkowitą świadomość i pewność tego?

S: Że muszę zapłacić wszystkim, którym jestem winna pieniądze.

R: Nie, nie chodzi o to, że musisz, ale o to, że zapłacisz.

S: Tak, myślę, że tak.

R: Oh, interesujący punkt widzenia, myślę, że zapłacę. Jeśli myślisz, że zapłacisz, czy masz pragnienie zapłacenia, czy się temu zapierasz?

S: Zapieram się.

R: Tak, zapierasz się. Tak, zapierasz się płaceniu? Jaki jest cel zapierania się?

S: Nie mam pojęcia.

R: Jaki ukrywa się punkt widzenia pod brakiem pragnienia zapłacenia? Gdybyś miała wystarczająco dużo pieniędzy, czy zapłaciłabyś ten rachunek?

S: Tak.

R: Więc, jaki masz ukryty punkt widzenia, który nie jest wypowiedziany?

S: Taki, że się boję o pieniądze, że nie chcę płacić.

R: Że nie będziesz miała wystarczająco dużo, prawda?

S: Tak.

R: Tak, to niewypowiedziany punkt wiedzenia, to na co nie możesz spojrzeć (czego nie chcesz widzieć), to właśnie wciąga cię w kłopoty. Ponieważ, to jest miejsce, z którego kreujesz, z punktu widzenia, że nie ma wystarczająco dużo. Więc, czy wykreowałaś to jako rzeczywistość, że nie ma wystarczająco?

S: Tak.

R: I z tego miejsca chcesz funkcjonować?

S: Nie rozumiem o czym mówisz.

R: Czy chcesz funkcjonować z poziomu "niewystarczająco"?

S: Tak.

R: Więc jaka jest wartość wybierania "niewystarczająco"?

S: Nie ma żadnej wartości.

R: Musi być, w przeciwnym razie nie wybrałabyś tego.

S: Czy nie wszyscy się tego boimy?

R: Tak, dokładnie wszyscy macie ten strach, że będzie niewystarczająco dużo i wszyscy funkcjonujecie z przekonania, że będzie niewystarczająco, dlatego też szukacie bezpieczeństwa, dlatego właśnie szukacie szczęścia, domów, przyszłości, kiedy tak naprawdę wykreowaliście każdą przyszłość, jakąkolwiek kiedykolwiek mieliście. Każda przeszłość, każda teraźniejszość i każda przyszłość jest kreowana przez was. I zrobiliście niezwykłą robotę kreując ją dokładnie poprzez swoje myślenie. Jeśli myślicie, że jest niewystarczająco, to co kreujecie?

S: Niewystarczająco.

R: Dokładnie, nie będzie starczało. A teraz pogratulujcie sobie takiej dobrej roboty, zrobiliście wspaniałą robotę kreując „niewystarczająco". Gratulacje, jesteście bardzo dobrzy, jesteście wspaniałymi, cudownymi kreatorami.

S: Kreując nic.

R: Oh, ależ coś wykreowaliście, wykreowaliście dług, prawda?

S: No dobrze, tak jest.

R: Byliście świetni w wykreowaniu długu, świetni w wykreowaniu "niewystarczająco", świetni w wykreowaniu dostatecznie dużo, aby się nakarmić, ubrać, prawda? Więc zrobiliście dobrą robotę jeśli chodzi o tę kreację. Więc, z którego punktu widzenia nic nie kreujecie? Brak ograniczeń, brak ograniczeń.

S: A nie zajmuje to zbyt dużo czasu, żeby to przećwiczyć?

R: Nie, nie trzeba tego ćwiczyć.

S: Poważnie? To znaczy, że to po prostu robimy non stop?

R: Tak, to co powinniście zrobić, to BYĆ "jestem kreatywnością" wizją waszego życia. Jak byście chcieli, żeby wyglądało wasze życie? Jak by wyglądało, gdybyście wykreowali je w sposób, w który wybraliście? Bylibyście milionerem czy żebrakiem?

S: Milionerem.

R: A skąd wiecie, że lepiej być milionerem niż żebrakiem? Jeśli jesteś milionerem, ktoś może przyjść i ukraść ci wszystkie pieniądze, jak jesteś żebrakiem, nikt nie ukradnie ci pieniędzy. Więc, czy pragniecie być milionerami? Dlaczego? Dlaczego pragniecie być milionerami? Jaka jest wartość w byciu milionerem? Wydaje się, że to dobry pomysł, żeby nim być, ale to tylko pomysł, prawda?

S: Tak, to dobry pomysł.

R: To dobry pomysł, ok. Dobrze. Zabawmy się więc. Zamknijcie oczy i wyobraźcie sobie banknot studolarowy w waszym ręku. A teraz go podrzyjmy na malutkie kawałeczki i wyrzućmy. Ohhhhh... bolało.

Grupa: (śmiech).

R: Wyobraźcie sobie tysiąc dolarów, a teraz je podrzyjcie i wyrzućcie. Bolało jeszcze bardziej, prawda?

S: Tak.

R: A teraz wyobraźcie sobie dziesięć tysięcy dolarów i spalcie je w kominku. Interesujące, nie było to tak bolesne, żeby wyrzucić dziesięć tysięcy do paleniska, prawda? Dobrze, a teraz wrzućcie do ognia sto tysięcy dolarów. A teraz wrzućcie milion dolarów. A teraz dziesięć milionów dolarów do kominka. A teraz BĄDŹCIE dziesięcioma milionami dolarów. Jaka jest różnica pomiędzy dziesięcioma milionami dolarów w ognisku i byciem dziesięcioma milionami dolarów?

S: To jest wspanialsze.

R: Dobrze, więc jak to się dzieje, że zawsze wrzucacie pieniądze do paleniska?

Grupa: (śmiech)

R: Zawsze wyrzucacie pieniądze i zawsze je wydajecie, żeby próbować być szczęśliwym, tak jakbyście próbowali przeżyć. Nie pozwalacie sobie kreować na tyle, żeby się czuć, że jesteście pieniędzmi, że macie przyzwolenie na bycie nimi. Przyzwolenie bycia pieniędzmi, to bycie milionem dolarów lub bycie dziesięcioma milionami dolarów. Bycie nimi, to tylko energia. Nie ma żadnego realnego znaczenia, dopóki sami go nie nadacie. Jeśli nadacie temu znaczenie, sprawicie, że będzie ciężkie. Pudełko waszego życia, to parametry na podstawie których kreujecie swoje ograniczenie. Ponieważ macie większe pudełko nie znaczy, że jest mniejszym pudełkiem, to ciągle pudełko. Czy to rozumiecie?

S: Tak.

R: Podoba się to wam?

S: Tak.

R: Dobrze.

S: To jest trudne. (śmiech)

R: No to jest interesujący punkt widzenia, trudno być pieniędzmi, co?

S: Tak.

R: A teraz popatrzcie na ten punkt widzenia. Co kreujecie z tym punktem widzenia?

S: Wiem, ograniczam rzeczy.

R: Tak, sprawiasz, że są trudne, solidne i prawdziwe. No zrobiłaś niezłą robotę. Gratulacje, jesteś wspaniałym i wielkim kreatorem.

S: Te dwa magiczne słowa, Ja Jestem.

R: Jestem pieniędzmi, jestem mocą, jestem kreatywnością, jestem kontrolą, jestem świadomością. No dobrze, czy jeszcze ktoś ma jakiś punkt widzenia, który chce przedyskutować?

S: Możesz je zarobić bez pracowania?

R: Możesz je zarobić bez pracowania. A tu mamy dwa interesujące ograniczenia. Po pierwsze w jaki sposób robisz pieniądze, masz maszynkę w ogrodzie?

S: Nie.

R: I bez pracowania, czym jest dla ciebie praca?

S: Zarobkowaniem.

R: Praca jest zarobkowaniem?

S: Tak.

R: Więc, siedzisz w domu i zbierasz pieniądze?

S: Nie, idę do pracy.

R: Nie, praca dla ciebie, to coś czego nienawidzisz. Poczuj słowo *praca*, poczuj je. Jak się czujesz. Czy to jest lekkie i przestrzenne?

S: Nie.

R: Jak cholera, co? (śmiech) Praca, czy praca to patrzenie w twoją kryształową kulę.

S: Nie.

R: Cóż, wcale się nie dziwię, że nie masz pieniędzy. Nie widzisz tego, co robisz jako pracę, prawda?

S: Jeszcze nie wiem co tak dokładnie robię.

R: Interesujący punkt widzenia. Jak możesz być "jestem świadomością" i nie wiedzieć co robisz? Co się pod tym kryje? Jaki się pod tym kryje punkt widzenia z poziomu którego funkcjonujesz? To jest „boję się"?

S: Nie, nie rozumiem.

R: Czego nie rozumiesz? Jeśli wątpisz w swoje umiejętności nie możesz się zmienić. Tak?

S: Nie chodzi o to, że w nie wątpię. Chodzi o to, że ich nie rozumiem. Nie wiem co widzę.

R: Dobrze, więc wyłącz myślenie, połącz się z przewodnikami i pozwól kuli cię prowadzić. Próbujesz to wymyślić i przemyśleć z twojego punktu widzenia myśli. Nie jesteś myślącą maszyną, jesteś medium. Medium nie musi nic robić, ale być dla obrazów wychodzących z jego umysłu i ust, i pozwalać na ich wypływanie. Możesz to zrobić?

S: Tak, ja tak robię.

R: I robisz to bardzo dobrze, kiedy pozwalasz, żeby się tak stało. Tylko wtedy, kiedy zaczynasz używać rozumu, kreujesz niepełnosprawność. Niestety ty nie ufasz swojemu wiedzeniu. Nie zdajesz sobie sprawy z tego, że ty, jako nieograniczone istnienie, którym jesteś posiadasz dostęp do każdej wiedzy w całym wszechświecie. I jesteś rurociągiem dla budzącej się kosmicznej świadomości. W rzeczywistości żyjesz w strachu… w strachu przed sukcesem, twoją siłą i możliwościami. I dla każdego z was, pod strachem kryje się złość, intensywna złość i wściekłość. I na kogo jesteście tak oburzeni? Na siebie. Jesteście na siebie źli za wybranie byciem ograniczonym istnieniem, którym jesteście, za nie chodzenie w mocy Boga, którą jesteś, ale funkcjonujesz z ograniczonego rozmiaru swojego ciała, jakby to była muszelka egzystencji. Poszerz siebie i odejdź od tego poprzez bycie bez strachu, bez złości, poprzez bycie we wspaniałym i chwalebnym podziwie swoich możliwości kreowania. Kreatywność jest wizjonerstwem. Czy masz wizje?

S: Tak.

R: Wiedzenie jest świadomością, wiedzenie jest przekonaniem, że jesteś połączony do mocy siebie. Rozumiecie to?

S: Tak.

R: I kontrola, czy jesteś w stanie odwrócić ją do kosmicznych mocy?

S: Jeśli się nauczę w jaki sposób.

R: Nie musisz się tego uczyć, musisz być "jestem kontrolą". To, co widzisz poza sobą / na zewnątrz siebie, tego nie możesz mieć. „Uczenie się jak" to droga, w której kreujesz osłabienie i wkładasz to w obliczenia osiągnięć czasowych, tak jakby one naprawdę istniały. Wiesz wszystko, co będzie w przyszłości i wiesz wszystko co było w przeszłości, właśnie teraz. Nie ma czasu lecz tylko to, co tworzysz. Jeśli chciałbyś przenieść się, najpierw musisz poruszyć się z punktu widzenia „jestem kontrolą" i zrezygnować z potrzeby zrozumienia, jak przejść z punktu A do B, co oznacza „jeśli się nauczę". To oznacza przejście z punktu A do B. Próbujesz kontrolować proces i samoistne przeznaczenie z pozycji umniejszenia. Z takiej pozycji nie możesz tego osiągnąć. Rozumiesz?

S: Tak.

R: Czy jesteś w stanie przypatrzeć się swojej złości?

S: Tak.

R: Przypatrz się jej. Jak ją czujesz?

S: Źle.

R: I gdzie ją czujesz, w której części twojego ciała?

S: W mojej klatce piersiowej.

R: Weź ją więc i odepchnij o metr przed sobą, od swojej klatki piersiowej. Odepchnij ją. Dobrze. Jak teraz się czujesz. Ciężko czy lekko?

S: Niezbyt ciężko.

R: Ale to się znajduje metr od ciebie, prawda? To jest twoja złość, czy to jest prawdziwe?

S: Tak.

R: Jest? Ciekawy punkt widzenia. To tylko interesujący punkt widzenia, to nie jest rzeczywiste. Ty to wykreowałeś, ty jesteś kreatorem wszystkich swoich emocji, jesteś kreatorem wszystkiego w swoim życiu, jesteś kreatorem wszystkiego co się pojawia. Ty to kreujesz, a jeśli musisz umieścić to w czasie, wówczas umieść to na 10 sekund. Dobrze, damy ci tu wybór. Masz 10 sekund, żeby żyć, bo zaraz zje cię tygrys. Co wybierzesz?

S: (brak odpowiedzi)

R: Czas się skończył, twoje życie też. Masz 10 sekund życia, co wybierzesz? Bycie jasnowidzem, czy nie? Nie wybrałeś, twoje życie się skończyło. Masz 10 sekund, żeby żyć, co wybierzesz?

S: Żeby być.

R: Tak, żeby być, wybierz coś. Jak wybierasz, kreujesz swoje życie, więc wybieranie byciem medium, którym jesteś, wybierz czytanie z kuli na 10 sekund. Kiedy musisz spojrzeć w kulę i przyjrzeć się temu co widzisz w tych 10 sekundach, czy możesz powiedzieć co to jest?

S: Tak.

R: Dokładnie, możesz. To życie się skończyło, masz 10 sekund życia, co wybierzesz? Obraz, kulę i rozmowę, czy brak wyboru?

S: Obraz i kulę.

R: Dobrze, zatem to wybierz, wybieraj za każdym razem. Co każde 10 sekund wybieraj na nowo, jeszcze raz. Kreujesz życie w 10 sekundach. Jeśli je kreujesz z innej pozycji niż co 10 sekund, kreujesz je z pozycji oczekiwania przyszłości, która nigdy nie nastąpi, z ograniczeń przeszłości bazując na doświadczeniach, z myślą, że to wykreuje coś nowego, jeśli podtrzymasz ten sam punkt widzenia. Czyż nie jest to ciekawe, że twoje życie ciągle wygląda tak samo? Nie wybierasz nic nowego, prawda? Chwila po chwili wybierasz „nie mam wystarczająco dużo, nie chcę pracować".

Teraz zarekomendujemy kilka słów, które wyeliminujesz ze swojego słownika. Jest pięć słów, które powinieneś wyeliminować ze słownika. Pierwsze: to słowo *chcieć*. *Chcieć* ma 27 definicji, które oznaczają „brakować". Przez tysiące lat w języku angielskim słowo *chcieć* oznaczało „brakować", a ty przeżyłeś wiele wcieleń mówiąc po angielsku. I w tym wcieleniu ile lat używałeś tego słowa *chcieć* i myślałeś, że kreujesz pragnienie? Tak naprawdę, co wykreowałeś? Chcieć, brakować – wykreowałeś brak. Jesteś wielkim i wszechstronnym kreatorem, pogratuluj sobie.

S: (Śmiech).

R: Dwa: *potrzebować*. Czym jest potrzeba?

S: Brakiem.

R: Jest ograniczeniem wiedzenia, którego nie możesz mieć, nie możesz *mieć* nic, czego potrzebujesz. I potrzebie zawsze towarzyszy chciwość, ponieważ próbujesz coś zdobyć. Trzy: przechodzimy do słowa *spróbuję*. *Spróbuję*, to znaczy nigdy nie osiągnę, *spróbuję*, to znaczy brak wyboru, *spróbuję*, to znaczy nie zrobię nic. Cztery: mamy słowo *dlaczego*. I *dlaczego* jest zawsze rozdrożem i zawsze wrócisz do początku drogi.

S: Nie wiem o co tu chodzi.

R: Posłuchaj czasem dwulatka i wtedy to zrozumiesz.

S: (śmiech). Nigdy nie uzyskasz odpowiedzi.

R: Pięć: *Ale.* Kiedykolwiek mówisz "ale" zaprzeczasz temu, co powiedziałeś najpierw. „Chciałbym tam pojechać, ale mnie nie stać". Nie bądź w potrzebie. „Potrzebuję" oznacza „nie mam". „Chcę" oznacza „brak". "Spróbuję" oznacza "nie zrobię". "Ale" klepnij się lepiej po tyłku. Następne pytanie.

ROZDZIAŁ TRZECI

Jakie trzy emocje pojawiają się u ciebie, kiedy myślisz o pieniądzach?

Rasputin: No dobrze, czy jest jakiś ochotnik na trzecie pytanie?
Student: Trzecie?
R: Trzecie. Tak. Jakie to pytanie?
S: Jakie pojawiają się emocje na temat pieniędzy?
R: Trzy emocje, no tak. Jakie macie trzy emocje w związku z pieniędzmi?
S: hmm…
R: Trzy emocje, kiedy myślicie o pieniądzach.
S: Pierwsza, która się ukazała, która mi się za bardzo nie podobała, to strach.
R: Strach? No dobrze. Więc jaki hipotetyczny punkt widzenia musiałbyś mieć, żeby mieć strach dotyczący pieniędzy?
S: Ja interpretuję to inaczej, hmmm, w inny sposób, że boję się braku, co znaczy…
R: Tak. Dlatego jest ta emocja, boisz się braku, ponieważ twoje pierwotne założenie to…
S: Potrzebuję ich.
R: Zapisz to.
S: I podrzyj.
R: Zapisz i podrzyj.
S: Zadam ci straszne pytanie.
R: Dobra.
S: OK, idę do sklepu, a tam potrzebują, chcą coś w zamian za to, co od nich wezmę (śmiech).
R: Chcą, chcą, czym jest chcenie?
S: (śmiech)
R: Brakuje im, tak, *chcieć,* to znaczy brakować. To inne brudne słowo, które musisz wyeliminować. Ale po co idziesz do tego sklepu?
S: OK., po jedzenie.
R: Dobrze. Idziesz do sklepu po jedzenie, czemu myślisz, że *potrzebujesz* jeść?
S: Żartujesz. Ja wiem, że *potrzebuję* jeść.
R: *Potrzebuję?* Zapisz to.
S: *Chcę.*
R: Zapisz to i wyrzuć. *Chcę* i *potrzebuję* są tu niedozwolone.

S: Ale będę głodna.

R: Poważnie? Pociągnij energię przez całe swoje ciało, przez całą siebie. Tak, czujesz się głodna? Nie. Dlaczego więc nie jesz więcej energii a mniej jedzenia?

S: To byłoby świetne na jakiś czas, bo straciłabym na wadze, ale zaczęłoby mnie to boleć. (śmiech)

R: Dokładnie. Jakbyś miała tak dużo energii, mogłabyś być gigantycznym balonem.

S: A co zrobię z moimi przyjaciółmi, jak do mnie przyjdą, włączając w to dwoje ludzi, którzy właśnie śpią w moim domu?

R: A kto powiedział, że masz ich karmić? Jakim cudem oni nie są wkładem dla ciebie?

S: Są.

R: Strach, to fakt jest tym, że nie otrzymasz. Strach to fakt, że pieniądze płyną tylko w jednym kierunku, czyli od ciebie. Gdziekolwiek czujesz strach, kreujesz *potrzebę* i *chciwość.*

S: OK.

S: *Potrzeba* bierze się ze strachu?

R: Tak, opiera się na strachu, strach przynosi *potrzebę* i *chciwość.*

S: Poważnie?

R: Tak.

S: Kurczę blade, masz rację. Właśnie sobie zdałam sprawę z jeszcze jednej rzeczy, że ten system pierwotnego/podstawowego przekonania wcale nie jest taki dobry.

R: Nie jest dobrą rzeczą aby otrzymać.

S: Nie jest dobrą rzeczą aby go mieć zbyt dużo.

R: Nie jest dobrą rzeczą aby otrzymać.

S: Jasne. Albo, żeby otrzymać od innych.

R: Żeby otrzymać, kropka.

S: Jasne.

R: Skądkolwiek. Dobrze. A co … jeśli jesteście w strachu, to nie jesteście w stanie otrzymać, ponieważ myślicie, że jesteście w studni bez dna i tam, gdzie żyjecie jest czarna, wielka dziura. Strach jest zawsze czarną dziurą w was, jest taką studnią bez dna. Strach powoduje, że chcecie, że jesteście chciwi i jesteście dupkami w całym tym procesie. OK.?

S: Dobrze.

R: Następna emocja.

S: Pragnienie więcej.

R: Pragnienie, ach, tak. Tak, czym jest pragnienie? Stajecie i ruszacie bioderkami, żeby dostać więcej?

S: (śmiech) Wiedziałam, że to nie będzie najwspanialsze.

R: Pragnienie oznacza, że automatycznie masz "dostać więcej". Zauważ, dostać więcej, to niedobór, który łączy się ze strachem.

S: No wiesz, nie chodzi tylko, żeby dostać więcej pieniędzy, ale...

R: Dostać więcej, kropka. Pieniądze mają się nijak do rzeczywistości tego, czego doświadczasz. Pieniądze to temat dookoła tego, co kreujesz jako rzeczywistość nicości, nie wystarczająco, rzeczywistości: *chcę, potrzebuję, pragnę* i *chciwość*. I to dotyczy każdego. W ten sposób funkcjonował świat. Masz doskonały przykład tego w tym, co nazywasz latami 80-tymi i było to prawdą tego świata, od czasów kiedy zdecydowałeś, wszyscy zdecydowaliście, że pieniądze są koniecznością. Koniecznością. Czym jest konieczność. Czymś, bez czego nie przeżyjesz. Ty jako istnienie przeżyłeś miliony wcieleń i nawet już nie możesz spamiętać ile miałeś pieniędzy, ile ich wydałeś i jak je zdobyłeś. Ale, jesteś ciągle tu i ciągle przeżywasz. I każdy z was dotarł już do miejsca, w którym rozumiecie więcej na ten temat.

Nie opieraj się na założeniu, że jest to konieczność, to nie jest konieczność, to jak twój oddech, to jest to, czym jesteś. Jesteś pieniędzmi całkowicie. I kiedy odczuwasz siebie, jako pieniądze, a nie konieczność, wówczas jesteś przestrzenią. Kiedy czujesz się jako będącym w potrzebie, w relacji z pieniędzmi, ograniczasz siebie i zatrzymujesz przepływ energii pieniędzy. I twoja trzecia emocja?

S: Szczęście.

R: Ach! Teraz, szczęście w jakim sensie? Kiedy je wydajesz, kiedy masz je w kieszeni, kiedy wiesz, że do ciebie przyjdą, szczęście, bo tym są pieniądze? Czy możesz popatrzeć na banknot dolarowy i mieć szczęście?

S: Nie.

R: Która część przynosi ci szczęście?

S: Kiedy wiem, że jakieś rzeczy będą skończone lub zrobione.

R: Tak więc pieniądze kupują szczęście?

S: Cóż, użyłam złego słowa...

R: W jaki sposób szczęście przychodzi z pieniędzy?

S: Nie koniecznie to przychodzi od tego.

R: Więc w jaki sposób odczuwasz szczęście jeśli chodzi o pieniądze? Kiedy masz ich wystarczająco dużo? Kiedy masz ich obfitość? Kiedy czujesz się bezpiecznie?

S: Tak. Bezpiecznie

R: Bezpieczeństwo. Interesujący punkt widzenia.

S: Ale nie ma czegoś takiego, jak bezpieczeństwo.

R: No cóż... jest. Jest bezpieczeństwo. Bezpieczeństwo jest w wiedzeniu i posiadaniu świadomości o sobie samym. To jedyne bezpieczeństwo, jedyne bezpieczeństwo, które możesz zagwarantować, to fakt, że przejdziesz przez to życie, zostawisz to ciało i będziesz mieć możliwość, jeśli tego pragniesz, wrócenia tu i bycia bardziej bogatą istotą na tym świecie. Ale szczęście jest w tobie, posiadasz je, jesteś szczęściem i nie uzyskujesz go z pieniędzy. Żeby być szczęśliwym, musisz być szczęśliwym, to wszystko. I jesteś szczęśliwy poza momentami, kiedy wybierasz być smutnym. Prawda?

S: Tak.

R: Czy jeszcze ktoś ma jakąś emocję, o której chce porozmawiać?

S: Chciałabym porozmawiać trochę więcej na temat strachu.

R: Tak.

S: Ponieważ wkładam olbrzymią ilość energii w emocję strachu.

R: Tak.

S: I ze strachem, pod strachem zawsze jest złość.

R: Tak, dokładnie. Na co, tak naprawdę jesteś wkurzona? Na kogo się złościsz?

S: Na siebie.

R: Dokładnie. I na co się złościsz?

S: Na uczucie pustki.

R: Nie przyznajesz się do swojej mocy.

S: Uhmmm...

R: Nie jesteś totalnie sobą. Czujesz to?

S: Bardzo.

R: Poczuj w swoim ciele gdzie masz strach i złość.

S: Aha.

R: A teraz odwróć je w drugą stronę. Jak się czujesz?

S: Ulga.

R: Tak, w ten sposób pozbywasz się strachu i złości, żeby zrobić miejsce dla siebie. Ponieważ, kiedy na siebie spojrzysz, nie ma w twoim wszechświecie żadnego strachu, prawda?

S: Nie ma.

R: I jedyną złością, którą możesz wyrazić to złość na innych, ponieważ twoja prawdziwa złość dotyczy ciebie i tego gdzie odmówiłaś przyjęcia całej prawdy o swojej energii w całości. Czy zatem możesz stać się mocą, którą jesteś, energią, którą jesteś? Pozwól temu odejść, przestań to podtrzymywać. Dokładnie tak. Pfffffff... ulga, co?

S: Tak.

R: A teraz musisz to ćwiczyć, dobrze?

S: Tak.

R: Ponieważ umniejszałaś siebie, robili to też wszyscy inni w tym pomieszczeniu, nieprzerwanie przez miliardy lat, żeby nie być sobą, nie być mocą. I zrobiłaś to aby zdusić swój gniew. Interesujące, prawda? Złość na siebie. I nie ma tu osoby, która by nie była na siebie wściekła, ponieważ nie pozwalacie sobie być w całości tą mocą, którą jesteście. No cóż, to rozwaliło parę rzeczy. Dobrze, czy jeszcze ktoś chce porozmawiać o emocjach?

S: Ja chcę porozmawiać o strachu, z mojego punktu widzenia. Kiedy się boję, zacieśniam się, zamykam.

R: I gdzie to czujesz?

S: W splocie słonecznym.

R: Dobrze. Zatem wyłącz to, wyłącz. Tak, dokładnie tak. Jak się teraz czujesz?

S: Płaczliwie.

R: Dobrze. A co się kryje pod tymi łzami?

S: Złość.

R: Złość. Tak, to ta rzecz, która jest wyczuwalna jak jakiś supeł. Dobrze to ukryłaś, co? Tak myślisz. Dobrze, nie pozwól tej złości się wydostać, niech się nie wydostaje w całości. Poczuj tę złość, pozwól jej wyleźć z ciebie. Tak, dokładnie tak. A teraz poczuj różnicę i poszerzenie się. Czujesz to?

S: Tak. To super uczucie.

R: Tak, to super uczucie. To jest prawda o tobie, poszerzacie się tak, jakbyście byli poza swoim ciałem, i nie macie zdolności, aby być całkowicie połączonym z tym miejscem. Poczuj, jak pozbywasz się złości, rzeczywistość totalnego połączenia się ze sobą, nie jako jakiś duchowe istnienie, ale jako prawda ciebie samej. Jest tu spokój, który spływa na ciebie, kiedy to robisz naprawdę. Pozwól się temu wydobyć w całości. Dokładnie tak.

S: Tak, złapałam to.

R: Czujesz, to zaufanie sobie, kim jesteś, i tym jest moc. Reszta jest do usunięcia.

S: Czuję się tak, jakbym sama do siebie docierała.

R: Dokładnie. To oznacza bycie całkowicie połączonym, całkowicie świadomym i bycie całkowitą kontrolą. Jak się czujesz w tej przestrzeni?

S: To jest czymś zupełnie innym niż normalna kontrola.

R: Tak, inaczej kontrolujesz swoją złość, prawda?

S: Tak myślę.

R: Ostatecznie próbujesz kontrolować swoją złość, ponieważ tak naprawdę nie pozwalasz sobie błyszczeć. W środku jest spokój, łagodność i potęga. Ale chowasz to pod złością. I skoro myślisz, że nie powinnaś się złościć, umniejszasz siebie. I próbujesz to skontrolować i próbujesz kontrolować wszystko dookoła ciebie, jako sposób chowania tego przed sobą. To, na kogo jesteś zła, to ty sama. Miej ze sobą spokój. Dokładnie tak. Czujesz to?

S: Tak.

R: Tak, dokładnie tak. I to jesteś ty. Poczuj tę poszerzającą się energię.

S: Oh, to jest zupełnie inne.

R: Całkowicie. Tak, dokładnie takie jest, dynamiczna ty, tym naprawdę jesteś. Dobrze.

S: I to jest ciemnością i myślę, że mam jakąś kontrolę nad tym i...

R: Dobrze.

S: Wiem również, że mam tu coś poza kontrolą w tym punkcie.

R: Gdzie zatem czujesz ciemność?

S: Wydaje się, że w nią wchodzę, a nie ona we mnie, nie jestem pewna.

R: Gdzie ją czujesz? Jest na zewnątrz ciebie? W tobie? Zamknij oczy, poczuj ciemność. Gdzie ją czujesz?

S: W podbrzuszu i pozwalam jej pochłonąć.

R: Dobrze. Więc jak myślisz jak się czujesz? To jest w twojej głowie...

S: OK.

R: ... to, że doświadczasz ciemności? I co to jest, to odczucie, że nie ma nic oprócz ciemności, co jest połączone z pieniędzmi. I ta ciemność w jakiś sposób ma do czynienia ze złem i dlatego otrzymywanie tego jest całkowicie niedozwolone. Czujesz tę zmianę? Odwróć to, dokładnie tak. Zmień to na białe, dokładnie, poczuj jak otwiera ci się korona. Tak, a teraz to co nazywasz ciemnością wyciągnij przez nią. I to co jest rzeczywistością ciebie, jest obecne. Zauważ różnicę w swojej energii. Musisz pozbyć się myślenia na temat emocji zła, jako rzeczywistości, ponieważ nie jest to rzeczywistość. To tylko interesujący punkt widzenia. Dobrze? Czy są jeszcze jakieś emocje?

S: Myślę, że moją dominującą emocją na temat pieniędzy jest ambiwalencja (dwuznaczność).

R: Ambiwalencja? Ambiwalencja, tak. Czym jest ambiwalencja? Gdzie ją czujesz?

S: W splocie słonecznym i dolnych czakrach.

R: Tak, ambiwalencja jest niezrozumieniem tego planu. Poczucie, że pieniądze należą do czegoś, czego nie rozumiesz. Czujesz zmianę w dolnych czakrach?

S: Tak.

R: To rezultat połączenia do tego, że jesteś świadomością i jako świadomość jesteś pieniędzmi, świadomością, również mocą i wszystkie czakry są połączone z energią, która jest tobą. Czy jeszcze jest w tobie ambiwalencja?

S: Nie.

R: Dobrze. Czy są jeszcze jakieś inne emocje?

S: Ja mam tu jedną.

R: Tak.

S: Czuję niesmak i wstyd.

R: Bardzo dobre emocje, niesmak i wstyd. Gdzie je czujesz?

S: Myślę, że czuję je …

R: Wymyślasz emocje?

S: Nie. W żołądku i płucach.

R: W żołądku i w płucach. Więc pieniądze to oddychanie i jedzenie. Wstyd, odwróć go, wyrzuć ze swojego żołądka. Tak, czujesz to, czujesz jak otwiera ci się czakra twojego żołądka?

S: Tak.

R: Dobrze. Jaka jest ta druga emocja?

S: Niesmak.

R: Niesmak. W twoich płucach. Niesmak, ponieważ to znaczy, że musisz się dusić, żeby je dostać. Musisz się dusić, żeby mieć pieniądze z twojego punktu widzenia. Czy to rzeczywistość?

S: Tak.

R: Naprawdę?

S: Nie, nie, nie.

R: No dobrze.

S: Rozpoznaję to jako istnienie…

R: W jaki sposób funkcjonujesz?

S: Tak.

R: Dobrze. Przekręć ten oddech i wypuść to wszystko z siebie. Dobrze, a teraz weź oddech pieniędzmi. Dobrze, wydech i wypuść wstyd. I wdech i wpuść pieniądze przez każdą komórkę swojego ciała i wypuść niesmak. Tak, jak się teraz czujesz, trochę bardziej wolny?

S: Tak.

R: Dobrze. Czy jeszcze ktoś chce porozmawiać o innych emocjach?

S: Strach.

R: Strach, jakie inne emocje?

S: Lęk i ulga.

R: Pieniądze dają ci ulgę?

S: Tak.

R: Kiedy?

S: Kiedy do mnie przychodzą.

R: Hm, interesujący punkt widzenia. Lęk i strach, zajmiemy się nimi w pierwszej kolejności, bo są tym samym. Gdzie odczuwasz strach i lęk? W której części ciała?

S: W brzuchu.

R: Brzuch. Dobrze, wypchnij to ze swojego brzucha, metr przed sobą. Jak to wygląda?

S: Śliskie i zielone.

R: Śliskie?

S: Tak.

R: Tak. Dlaczego to jest śliskie i zielone?

S: Bo nie mogę tego skontrolować.

R: Ach, interesujący punkt widzenia, brak kontroli. Widzisz siebie jako nie „Jestem kontrolą", prawda? Mówisz sobie „nie mogę kontrolować, nie mam kontroli". To jest to ukryte założenie, z którego funkcjonujesz. „Nie jestem kontrolą, nie jestem kontrolą". Więc wykreowałeś, doskonale, strach i lęk.

S: Tak.

R: Dobrze, jesteś wspaniałym i wielkim kreatorem, dobra robota! Pogratulowałeś sobie swojej kreatywności?

S: Ze wstydem, tak.

R: Ach, interesujący punkt widzenia. Dlaczego ze wstydem?

S: Bo nie wiedziałem, że można inaczej.

R: Tak, ale nie chodzi o to, czy wiedziałeś, że można inaczej. To co jest ważne, to żebyś zrozumiał jakim jesteś kreatorem i zrobiłeś genialną robotę, a to znaczy, że możesz wybrać inaczej i wykreować inny rezultat.

S: Muszę być zdyscyplinowany.

R: Zdyscyplinowany? Nie.

S: Przy odrobinie szczęścia.

R: Nie, z moc<u>ą</u>! Jesteś energią jako moc „Jestem mocą, jestem świadomością, jestem kreatywnością, jestem kontrolą, jestem pieniędzmi". Dobrze? W ten sposób kreujesz zmianę, poprzez stanie się „ja jestem" takim jakim jesteś zamiast „ja jestem" takim, jakim byłeś. Zacznij zauważać gdzie wykreowałeś solidne punkty widzenia wokół pieniędzy i w jaki sposób to się odczuwa. Kiedy czujesz, że to ma wpływ na jakąś część twojego ciała, odepchnij to od siebie i zapytaj „jaki jest ukryty punkt widzenia, z którego funkcjonuję, a nawet go nie widzę"? I pozwól sobie na uzyskanie odpowiedzi. A później pozwól sobie, żeby to był tylko interesujący punkt widzenia, ta cała odpowiedź.

I teraz co mogę wybrać? Wybieram „jestem kreatywnością, jestem świadomością, jestem kontrolą, jestem mocą, jestem pieniędzmi". Jeśli wykreujesz „nie jestem", „nie mogę", nie będziesz w stanie nic zrobić. Również pogratuluj sobie tego, co wykreowałeś z wielkim i potężnym gusto.

Nie ma w tym nic niewłaściwego, w tym co wykreowałeś, oprócz twojego własnego osądu na ten temat. Gdybyś była żebraczką na ulicy, byłoby to lepszą czy gorszą kreacją od tego, co do tej pory masz?

S: Gorszą.

R: Interesujący punkt widzenia.

S: Nie taki interesujący, gdybyś o nim nie wiedział.

R: To prawda. Teraz wiesz, że masz wybór, teraz możesz kreować. A teraz, co się stanie, jeśli twój sąsiad powie ci, że ci nie zapłaci w tym tygodniu, bo „zabieram pieniądze za płot, który rozwaliłeś"?

S: Interesujący punkt widzenia.

R: Dokładnie, to jest interesujący punkt widzenia. To wszystko czym to jest. Jeśli staniesz się zaprzeczeniem lub reakcją tego, zakleszczysz to i twój sąsiad zabierze pieniądze.

S: Więc to, co teraz mówisz, że jak ktoś będzie miał negatywne…

R: Jakiekolwiek punkty widzenia na temat pieniędzy.

S: Dobrze, jest to tylko interesujący punkt widzenia.

R: Tak, poczuj energię, kiedy to mówisz.

S: OK, I zaraz przechodzę do "jestem…"?

R: Tak.

S: Mam to. Widzę światełko w tunelu.

R: A kiedy czujesz, że ma to wpływ na twoje ciało, jakiś punkt widzenia, lęk lub strach, co z tym robisz?

S: Musisz to zabrać z siebie i z siebie to wyrzucić.

R: Tak. A kiedy czujesz lęk i strach w brzuchu, czy mówimy wówczas, że jesteś nienajedzony?

S: Nie.

R: Mówisz o tym, że jesteś niedożywiony? O czym tu mówimy? Mówimy tu o ciele. Odczuwasz pieniądze jakby były czymś poza twoim ciałem, jako trójwymiarowa rzeczywistość. Czy pieniądze są trzywymiarową rzeczywistością?

S: Nie.

R: Nie, nie są. A ty ciągle je takimi robisz. Popatrz na swoje punkty widzenia na temat pieniędzy, to bezpieczeństwo, dom, rachunki, jedzenie, schronienie, ubrania. Czy to prawda?

S: No cóż, za pieniądze je właśnie kupujesz.

R: To jest to, za co je kupujesz, ale robisz to z wyboru, prawda?

S: Ohh, z potrzeby.

R: To jest to, co wybierasz w tych dziesięciu sekundach. Potrzeba, tak? Interesujący punkt widzenia. Czy wybierasz ubrania, które nosisz z poziomu potrzeby?

S: Tak.

R: Poważnie?

S: Tak.

R: Nie wybierasz ich, bo są ładne i ładnie w nich wyglądasz?

S: Przede wszystkim mam je, żeby mi było ciepło.

R: A latem, kiedy wkładasz bikini?

S: Super, wtedy wyglądam dobrze. (śmiech).

R: Dokładnie, więc dokonujesz wyborów, nie potrzebujesz, ale wybierasz to w jaki sposób chcesz się czuć, tak? czuć?

S: Tak, ale potrzebujesz….

R: Ale! Wypluj to słowo.

S: Tfu. (śmiech). Musisz mieć buty i musisz …

R: Jak to musisz mieć buty, możesz chodzić na boso.

S: Może i mogę, ale…

R: Oczywiście, że możesz.

S: Potrzebuję ich, jest zimno.

R: Potrzebujesz, hm?

S: Bielizny i skarpetek …

R: Potrzebujesz, hm?

S: Musisz je mieć.

R: Kto tak powiedział? Skąd wiesz, że nie możesz porozmawiać ze swoim ciałem i poprosić, żeby było mu cieplej?

S: A co jeśli chodzi o …

R: Ty jako istnienie nie potrzebujesz nawet ciała?

S: Cóż, to byłoby super.

R: To jest super.

Grupa: (śmiech).

R: Tak?

S: Cóż, musisz mieć jedzenie, buty.

R: My nic nie mamy na sobie. Gary ma buty, bo jest mięczakiem i nie poszedłby bez nich na śnieg.

Grupa: (Śmiech).

R: Myśli, że jest zimno.

S: No jest.

R: Bardzo interesujący punkt widzenia. Powinniście pojechać na Syberię, jak naprawdę chcecie doświadczyć zimna.

S: A nasze dzieci, co z nimi jak są głodne?

R: Ile razy twoje dzieci były głodne?

S: Kilka.

R: I ile czasu to trwało?

S: Jedną noc.

R: I co zrobiłaś?

S: Dostałam pieniądze od mojego ojca.

R: Wykreowałaś je, prawda?

S: Tak.

R: Czy pogratulowałaś sobie za takie możliwości kreacji?

S: Podziękowałam ojcu.

R: To jest jeden sposób kreacji. Kreowanie, kreatywność to bycie w świadomości samego siebie. Bądź „jestem kreatywnością", bądź „jestem świadomością", bądź „jestem mocą", bądź „jestem kontrolą", bądź „jestem pieniędzmi. Zapierasz się; *„ale"*, *„potrzebuję"*, *„dlaczego"*, *„musisz"*, *„to wymaganie"*, są punktami widzenia *„nie mogę mieć"* i *„nie zasługuję"* . Są to ukryte miejsca, z których funkcjonujesz. Są to punkty widzenia, które kreujesz w swoim życiu. Czy z tego poziomu życzysz sobie kreować?

S: Widzę to w każdym aspekcie z pieniędzmi.

R: Tak, ale pieniądze, ponieważ widzisz pieniądze inaczej. Gdy widzisz pieniądze – jako źródło całego zła?

S: Tak.

R: Czyj to jest punkt widzenia? Tak naprawdę nie jest to twój punkt widzenia, to jeden z tych, które kupiłaś. Diabeł kazał mi to robić, co? Widzisz, ta rzeczywistość, którą kreujesz jest inna, jakby nie była częścią twojej kreacji.

S: Więc, jeśli powiem do siebie te wszystkie "jestem", czy to wrzuci mi pieniądze do kieszeni?

R: Zaczną pojawiać się w twojej kieszeni. Za każdym razem gdy wątpisz, odrywasz kawałek podstawy tego, co kreujesz. Ujmę to tak, jak wiele razy powiedziałaś „chcę pieniędzy"?

S: Mówię to każdego dnia.

R: Każdego dnia. Chcę pieniędzy. Mówisz „brak mi pieniędzy". Co wykreowałaś?

S: Ale to prawda.

R: Prawda? Nie, to tylko interesujący punkt widzenia. Wykreowałaś dokładnie to co powiedziałaś: potrzebuję pieniędzy. Zrobiłaś to nieświadomie, ale to właśnie wykreowałaś.

S: A co by było, gdybym chciała wygrać na loterii?

R: Jeśli "brakuje" ci wygrania na loterii to właśnie dokładnie wykreujesz – brak wygrania na loterii.

S: Mówimy o mocy postrzegania.

R: Mówimy o mocy twoich słów, świadomości, które kreują rzeczywistość twojego świata. Chcesz zrobić proste ćwiczenie? Powiedz „Nie chcę pieniędzy".

S: Możemy wybrać zamiast tego coś innego?

R: Powiedz "Nie chcę pieniędzy."

S: Nie chcę pieniędzy.

R: Powiedz "Nie chcę pieniędzy."

S: Nie chcę pieniędzy.

R: Powiedz "Nie chcę pieniędzy."

S: Nie chcę pieniędzy.

R: Powiedz "Nie chcę pieniędzy."

S: Nie chcę pieniędzy. To brzmi negatywnie.

R: Poważnie? "Nie mam braku pieniędzy" jest negatywne.

S: Ale my chcemy mieć pieniądze.

R: Nie chcecie pieniędzy!

R: To prawda. Nie chcę pieniędzy. Poczuj energię tego, poczuj jak się czujesz, kiedy mówisz "Nie chcę pieniędzy." *Chcieć* oznacza brak, trzymasz się cały czas definicji. Jestem pieniędzmi. Nie możesz być „mam pieniądze", nie możesz mieć czegoś czym nie jesteś. Jesteś już kreatywnością, kiedy mówisz „chcę pieniędzy" i robiąc to wykreowałaś obfitość braku, czyż tak nie jest?

S: Tak.

R: Dobrze, to teraz powiedz, "Nie chcę pieniędzy"?

S: Nie chcę pieniędzy (powtórzone wiele razy.)

R: Teraz poczuj swoją energię, jesteś lżejsza. Czujesz to?

S: Tak, kręci mi się w głowie.

R: Kręci ci się w głowie, bo to co wykreowałaś wyłamuje się ze struktur tej rzeczywistości, którą wykreowałaś. Wszyscy to macie; powtórzcie to sobie i zobaczycie, że poczujecie się lżej i bardziej (śmiech) w swoim życiu, kiedy powiecie „Nie chcę pieniędzy."

S: Czy można powiedzieć "Jestem bogaty"?

R: Nie!! Czym jest bogactwo?

S: Szczęściem.

R: Poważnie? Myślisz, że Donald Trump jest szczęśliwy?

S: Nie, nie z powodu pieniędzy.

S: Oh, to znaczy, że pieniądze kontrolują to, co musimy.

R: To interesujący punkt widzenia, gdzie go kupiłaś ?

S: Bo …

R: Gdzie kupiłaś ten punkt widzenia?

S: Mam go z myślenia o tym, że…

R: Widzisz? I znów z powodu myślenia jesteś w kłopotach (Śmiech). Czy czułaś się dobrze?

S: Nie.

R: Nie, nie czujesz się dobrze, bo to nie jest prawda. Kiedy powiesz „jestem bogata", czy czujesz się z tym dobrze?

S: Czułabym się z tym dobrze.

R: Oh, interesujący punkt widzenia – czułabyś się dobrze? Skąd wiesz, byłaś już bogata?

S: Miałam pieniądze, kiedy...

R: Czy byłaś bogata?

S: Nie

R: Nie. Możesz być bogata?

S: Tak.

R: Poważnie? Jak możesz być bogata, kiedy mówisz "byłam"? Widzisz, patrzysz na przyszłość i oczekujesz jaka ona ma być, nie jaka jest.

S: Jest, jest, masz na przykład szefa, który ci zapłaci i musisz zrobić to, co ci powie i musisz...

R: Masz szefa, który ci płaci?

S: Nie w tej chwili, ale...

R: To nieprawda, ty masz szefową co ci płaci i nie płaci ci zbyt dobrze, bo nie bierze żadnych pieniędzy za to, co może zrobić. Ty nią jesteś skarbie! Ty jesteś swoim szefem. Kreuj swój biznes, kreuj swoje życie i pozwól, żeby to do ciebie przyszło. Chowasz się w schowku i mówisz „nie mogę, nie mogę, nie mogę". Kto kreuje ten punkt widzenia? Co by było, gdybyś powiedziała „mogę i rozumiem", zamiast „nie mogę i nie rozumiem". Co się dzieje z twoją energią? Poczuj swoją energię.

S: Zakleszczyłam się w tym punkcie, gdzie dzieci nie mają co jeść bez pieniędzy.

R: A kto powiedział, że zostaniesz bez pieniędzy? Ty to powiedziałaś, założyłaś, że nie będziesz miała pieniędzy, chyba, że zrobisz coś, czego nienawidzisz. Jak często patrzysz na swoją pracę jak na coś radosnego?

S: Nigdy.

R: To jest ten punkt widzenia, to jest ten zasadniczy punkt widzenia. I do tego mówisz, że twoją pracą jest patrzeniem w kryształową kulę. Nigdy nie zobaczysz siebie radosnej. Czy kochasz to co robisz?

S: Tak.

R: Więc jak to się dzieje, że kochasz to co robisz, a jednocześnie nie pozwalasz sobie otrzymywać?

S: Jeszcze nie wiem, potrzebuję więcej informacji.

R: Nie potrzebujesz więcej informacji, masz do swojej dyspozycji dziesięć wcieleń jako ktoś, kto czyta z kryształowej kuli. Więc co masz do powiedzenia na temat nauki, oprócz, o, cholera?

Grupa: (Śmiech).

R: Dorwaliśmy cię, nie masz już miejsca, żeby się schować.

S: Przeczytałam to, co zobaczyłam w kuli, to nie było poprawne i poczułam się jak dupek.

R: Tak. (Śmiech) Skąd wiesz, że to byłoby niepoprawne?

S: No.......

R: Tak?

S: Nie wiem.

R: Czy wrócą do ciebie?

S: Nie wiem.

R: A jak to zrobisz dla innej osoby i okaże się to prawdą, to czy tamci wrócą do ciebie?

S: Tak, myślę, że tak.

R: Dlaczego zatem mówisz, że nie wiesz? Kogo oszukujesz?

S: Co?

R: Kogo okłamujesz?

S: To, to ...

R: Kogo oszukujesz? Kogo oszukujesz?

S: Przysięgam, nie wiem co widzę.

R: To nieprawda, to nieprawda. Jak to się dzieje, że masz klientów, którzy wracają, którzy myślą...

S: Już to mam.

R: Tak, masz to. Co nie pozwala ci myśleć, że czytasz wszystko dobrze za każdym razem? Jak wielu klientów do ciebie nie wróciło?

S: Wszyscy wrócili.

R: O rany, ciężka sprawa, ciężko ją przekonać, prawda? Na pewno będzie się upewniała w tym, że nie może mieć pieniędzy, obfitości i dobrobytu w jej życiu. Nie tylko nie płacisz sobie godziwie, ale też nie zauważasz, że masz biznes. Ponieważ wiesz, że robisz wszystko dobrze, wykreowałaś klientów, którzy wracają. Wiesz ilu potrzeba klientów żeby zwiększyć i dać ci obfitość w życiu?

S: Może trzydziestu więcej na tydzień.

R: Dobrze, czy pozwolisz trzydziestu ludziom więcej przyjść do twojej przestrzeni w ciągu tygodnia?

S: Tak, bez problemu.

R: Nie ma problemu?

S: Nie.

R: Jesteś pewna?

S: Tak, jestem pewna.

R: Dobrze, to czy pozwolisz sobie mieć sto tysięcy dolarów? Milion dolarów?

S: Tak.

R: Dziesięć milionów dolarów?

S: Tak.

R: Zmieniło się tu trochę, dziękuję, wszyscy ci dziękujemy. Jesteś kreatorem, wspaniałym i wielkim kreatorem. Pogratuluj sobie za każdym razem kiedy skończysz czytać to, co lubisz. I pracuj z poziomu miłości, nie bądź pracą, bądź radością. Kiedy masz radość robienia czegoś, wówczas nie jesteś w pracy. Praca to paskudztwo, radość to radość, możesz ją mieć wiecznie. To ty kreujesz wszystko, nie ktoś inny. To ty nalewasz paliwa i się cieszysz, myjesz szyby i się cieszysz, czyścisz toaletę i się cieszysz. I będziesz dostawać za to pieniądze i będziesz mieć wspaniały i olbrzymi dobrobyt. Jeśli będziesz patrzeć na to, jak na pracę, już kreujesz to coś, czego nienawidzisz. Ponieważ tak to tutaj działa: praca to harówka, trudności i ból. Interesujący punkt widzenia, co?

S: A co, jeśli nie wiesz co chcesz robić?

R: Ale ty wiesz.

S: Wiem, ale wcześniej nie wiedziałam, byłam do tego doprowadzona.

R: W jaki sposób zostałaś doprowadzona do kuli? Pozwoliłaś na połączenie intuicji i jasnowidztwa, i poprosiłaś kosmos, aby połączył się z twoją wizją i dostarczył ci to, czego pragniesz. Wykreowałaś, jako wizję, masz moc istnienia, wiedzenie jako świadomość, pewność, że to się zdarzy i kontrolę, aby pozwolić wszechświatowi cię wspierać. Więc masz już te cztery elementy, aby być „jestem pieniędzmi". Rozumiesz?

ROZDZIAŁ CZWARTY

Jak czujesz się z pieniędzmi? Co czujesz w związku z pieniędzmi?

Rasputin: Dobrze. Następne pytanie, kto na ochotnika?
Student: Ja.
R: Tak. Jakie było następne pytanie?
S: Co czujesz w związku z pieniędzmi?
R: Co w związku z nimi czujesz. Tak, dokładnie.
S: A więc, czy to się różni od emocji, które czujesz na temat pieniędzy?
R: Nie koniecznie.
S: Powiedziałam: "oh, dobrze."
R: Więc co czujesz na temat pieniędzy?
S: Obecnie jestem zmieszana.
R: Zmieszanie. Czy czujesz, że pieniądze, to zmieszanie, że to jest emocją?
S: Emocją i myślą.
R: To stan umysłu, tak.
S: Tak.
R: Pamiętasz kiedy mówiliśmy o tych zawrotach głowy?
S: Tak.
R: Czy otworzyłaś czakrę korony i pozwoliłaś temu się wydostać? Zmieszanie, to wykreowany obraz pieniędzy. Jakie założenie musiałabyś mieć, żeby mieć zmieszanie? Musiałabyś założyć, że nie wiesz. Założenie brzmiałoby „Nie wiem, a powinnam wiedzieć".
S: Dlatego czuję się zmieszana.
R: Dokładnie. Nie wiem, powinnam wiedzieć. To są przeciwstawne punkty widzenia, które kreują zmieszanie i są tylko interesującymi punktami widzenia. Czujesz tę zmianę jak mówisz o każdym z nich? Powinnam wiedzieć, nie wiem. Interesujący punkt widzenia, nie wiem. Interesujący punkt widzenia, powinienem wiedzieć. Interesujący punkt widzenia, nie wiem, interesujący punkt widzenia, powinienem wiedzieć. Co się dzieje ze zmieszaniem?
S: Pomijając ten fakt, że ja ...
R: Oczywiście.

S: Dla mnie teraz to wydaje się nierzeczywiste w tym sensie, że perspektywą dla mnie są pieniądze i energia, moc, kreatywność w ich czystości, wydaje się to dla mnie jasne, że nie radzę sobie z pieniędzmi, kiedy nie muszę ich mieć.

R: Jakie to założenie, z którego funkcjonujesz?

S: Że jest jakaś niezrozumiała część rzeczywistości.

R: Dokładnie.

S: To prawdziwy problem.

R: To nie jest problem, to jest założenie z poziomu którego funkcjonujesz, które automatycznie ci podpowiada, że to jest inne od twojej rzeczywistości. Ty masz założenie, że fizyczna rzeczywistość nie jest taka sama jak duchowa rzeczywistość, czyli rzeczywistość tego, kim naprawdę jesteś. Ta klarowność nie istnieje na tej płaszczyźnie, nigdy jej na tę płaszczyznę nie będziesz mogła przenieść.

S: To prawda.

R: To są założenia, to są nieprawdziwe informacje, z poziomu których wykreowałaś swoją rzeczywistość.

S: To również jest pogmatwane, gdyż wydaje się, że są inne istnienia, które mają inne rzeczywistości i że tam nie ma żadnej dezorientacji dla innych ludzi, tak mi się wydaje. Ludzie sami sobie, punkty widzenia innych ludzi, ludzie na ulicy, w sklepie.

R: O czym teraz mówisz? Że są inne rzeczywistości? Że inni ludzie mają inne rzeczywistości? Tak, jest ich kilka...

S: Z innego punktu widzenia i to...

R: Czy jest ktoś tutaj, kto nie identyfikuje się z tym, co ona powiedziała? Wszyscy mają taki sam punkt widzenia jak ty.

S: Masz na myśli, że wszyscy są zdezorientowani?

R: Tak. Wszyscy myślą, że nie możesz przynieść do tej rzeczywistości tego, co jest duchowym światem, do fizycznej rzeczywistości i każdy człowiek na ulicy ma taki sam punkt widzenia. I tylko ci, którzy nie kupią tego punktu widzenia, ci którzy nie założą, że jest to absolutnie niemożliwe, będą w stanie kreować, i nawet oni są w stanie wykreować tylko małe rzeczy w swojej rzeczywistości. Jeśli zafiksujesz swoje życie na robieniu pieniędzy i twoim celem w życiu jest bycie Donaldem Trumpem, Billem Gatesem, nie ważne, to samo odzwierciedlenie. Ta sama osoba, inne ciało, ta sama osoba. Ich życie polega na robieniu pieniędzy, wszystko co robią obraca się wokół pieniędzy. Dlaczego muszą robić tak dużo pieniędzy? Ponieważ, tak jak ty, boją się, że je stracą w następnym tygodniu.

S: Nie jest to dla nich tylko grą?

R: Nie, to nie jest dla nich tylko gra. Funkcjonują z punktu widzenia, że nie mają wystarczająco dużo, nigdy nie będą mieli wystarczająco dużo, nie ważne co zrobią. To jest inny standard, to wszystko.

S: Mówisz, że ci ludzie nie czują pewnej wolności mając takie fortuny?

R: Myślisz, że Donald Trump jest wolny?

S: W pewnym sensie tak.

R: Poważnie? Jeździ limuzyną, czy to daje mu wolność, czy raczej oznacza, że musi się otoczyć ochroniarzami, żeby odstraszyć wszystkich, którzy chcą mu zabrać pieniądze? Czy daje mu to wolność, kiedy ma wokół siebie 27 ludzi próbujących wyrwać mu pieniądze każdego dnia?

S: To daje iluzję wolności.

R: Nie. To daje tobie iluzję tego, że to jest wolność. Ty myślisz, że to jest wolność tylko dlatego, że ty jej nie masz. On nie jest bardziej wolny, niż ty, ma tylko pieniądze do wydawania na rzeczy, których nie potrzebuje. Myślisz, że to, że ma pieniądze czyni go większym duchem?

S: Nie, absolutnie nie.

R: Mniejszym duchem?

S: Nie.

R: Oh, to interesujący punkt widzenia jaki tu macie. (Śmiech). Wszyscy myśleliście, ale nikt się nie odważył powiedzieć "jest gorszy, bo ma więcej pieniędzy".

S: Tak, masz rację.

R: Tak, o tym myśleliście, nie powiedzieliście tego, ale myśleliście o tym.

S: Cóż, to sprawia, że kontroluje niektórych ludzi dookoła.

R: Poważnie? Tak, on kontroluje, kontroluje słońce, księżyc, gwiazdy, ma totalną kontrolę nad tymi rzeczami.

S: Ale kontrolowani ludzie nie…

R: Oh, kontrolowanie ludzi, to jest twój standard wspaniałości.

S: To nie jest mój standard, nie, nie, nie. To nie jest mój standard. Mówimy tu o Gatesie i jego dobrach, oraz Trumpie i jego dobrach, żeby określić ich kontrolę.

R: Czy on ma kontrolę, tak naprawdę?

S: Nie. Ja …

R: Czy raczej jest kontrolowany przez swoją chęć posiadania pieniędzy? Jego życie jest skupione na potrzebie kreowania więcej i więcej, i więcej, i więcej. Tylko w ten sposób czuje się spełniony.

S: Ale ja też myślę, że on, ta energia, którą on przekazuje, żeby wchłaniać…

R: OK, mamy następne słowo, które ty osobiście wyrzucisz ze swojego słownika.

S: Co?

R: Ale.

S: Ale?

R: Ale. Za każdym razem jak ktoś ci coś powie, pokazujesz swój uroczy tyłeczek (*but* [ang.] tyłek) (Śmiech).

S: To prawda dla …

R: To prawda dla wielu z was, dla większości z was, kiedy otrzymujecie jakąś informację zaczynacie natychmiast formułować odwrotny punkt widzenia, ponieważ to się nie zgadza z wami. Ponieważ to nie jest zgodne i nie przystające, ponieważ to jest w opozycji tej części ciebie, która pozwala temu być, lub ponieważ masz na to reakcję. A tak naprawdę jest to tylko interesujący punkt widzenia, że tym człowiekiem rządzą pieniądze.

S: Dokładnie to chciałam powiedzieć, ale ja …

R: Nie, masz inny punkt widzenia jako interesujący punkt widzenia, to wszystko.

S: Tak, uczę się tego.

R: To nie ma wartości. Za każdym razem kiedy kreujesz przemyślenia na temat pieniędzy, kreujesz ograniczenia samego siebie. Samego siebie! I za każdym razem kiedy mówisz komuś o swoim punkcie widzenia, kreujesz ograniczenie tej osoby. Chcesz wykreować wolność. Bądź wolnością. Wolność nie ma przemyśleń!

Jak wyglądałby świat, gdybyś zamanifestował całe światło z lekkością, radością i obfitością, bez przemyśleń na temat ograniczeń? Gdybyś miał nieograniczone myślenie, nieograniczoną możliwość, nieograniczone przyzwolenie, czy byłyby graffiti, bezdomni, wojny, zniszczenia, czy nawałnice?

S: Więc jaka jest różnica, nie byłoby pogody?

R: Gdybyś nie miał przemyśleń na temat nawałnic, byłaby pogoda, nie musiałoby być burz śnieżnych. Posłuchajcie tego, co mówią w telewizji, kiedy zbliża się czas na burzę śnieżną, tak, manifestują to, mówią o tym, jak wielka będzie ta burza. Sztorm o sile '96, następny sztorm o sile '96, będzie olbrzymia nawałnica i rozwałka, lepiej idź do sklepu i kup ile się da. Jak wielu z was kupuje ten punkt widzenia i zaczyna kreować swoje życie z tego poziomu?

S: Nie robiąc zakupów, mogłabym spędzić popołudnie w parku.

R: Kupiliście ten punkt widzenia, o tym tutaj mówimy. Natychmiast zadecydowaliście, że to prawda. Nie słuchajcie telewizji, pozbądźcie się telewizorów. Albo oglądajcie tylko odmóżdżacze (śmiech). Oglądajcie "Scooby Doo." (śmiech) Kreskówki, jest w nich jeszcze więcej interesujących punktów widzenia. Słuchacie wiadomości i dopada was depresja, będziecie mieli jeszcze więcej pomysłów na temat tego czym są pieniądze.

OK, gdzie to myśmy byli? Wróćmy. Dezorientacja, rozumiecie teraz co to jest zmieszanie?

S: Nie.

R: No dobrze. Co jeszcze mogę wam wytłumaczyć? To ty kreujesz to zmieszanie.

S: Kim jestem? Czy jestem ciałem? Czy ty jesteś tutaj? Czy jest ktoś jeszcze? Czy jest rzeczywistość? Czy jest jakaś różnica? Czym do cholery jest egzystencja? Czy ty jesteś ty, czy to jest wszystko, czysta energia i nie ma odseparowania pomiędzy duchem i duszą i świadomością, to jest to, tak jest, tak jest, tak jest? Nie ma nic do powiedzenia o niczym, więc całe to cierpienie, smutek, cała iluzja, całe odseparowanie, całe niezrozumienie, czym to jest? Co?

R: Kreacją.

S: Dobrze.

R: Wykreowałaś....

S: Więc na tym poziomie kreujemy coś takiego ludzkiego, co jest kreacją, i to całe ego, które jest kreacją, zakładając, że jest coś takiego jak pieniądze i miejsce, które są kreacją, a to oznacza, że jeśli jesteśmy na Wall Street i uczymy się historii USA z roku 1996 na temat Nowego Jorku, wówczas zgadzamy się, że ty i wszyscy inni ludzie wspólnie koegzystują. Nie rozumiem tego.

R: Dlaczego tego nie rozumiesz?

S: Wszyscy są tobą i ty jesteś każdym.

S: To jest coś... czego nie rozumiem.

R: Kreujesz siebie jako coś oddzielnego, kreujesz siebie jako kogoś innego, kreujesz siebie jako kogoś słabego, kreujesz siebie jako złość.

S: Jestem strasznie sfrustrowana.

R: Tak, tak, ale pod tym się kryje złość.

S: Oh, tak.

R: Ponieważ czujesz się bezsilna, to podstawowe założenie, z którego funkcjonujesz i to jest zawsze w podstawie zmieszania. Każde niezrozumienie bazuje na idei, że nie masz mocy i nie masz zdolności.

S: Ale ja ich nie mam.

R: Masz.

S: Czuję, że ich nie mam.

R: Popatrz na swoje życie, popatrz na swoje życie, co wykreowałaś. Czy zaczęłaś z olbrzymią ilością pieniędzy? Czy miałaś pałac i go straciłaś? Czy może kreowałaś i kreowałaś, i kiedy doszłaś do niezrozumienia na temat tego, i zwątpiłaś w to, kiedy doszłaś do tego, że nie masz siły, albo do tego, że nie wiesz jak to kontrolować i wówczas to zaczęło się oddalać od ciebie, ponieważ kreowałaś niezrozumienie i zwątpienie w siebie? Tak, tak się dzieje w twoim życiu, ale nic z tego nie jest prawdą o tobie. Ty, jako istnienie, masz totalną moc, żeby wykreować swoje życie i możesz, i będziesz to robić i stanie się wspanialsze, niż możesz to sobie wyobrazić. Ale to przyjdzie od ciebie, kiedy będziesz miała wiarę, i to dotyczy wszystkich was. Miejcie wiarę w siebie, w wiedzenie, że wykreowaliście tę rzeczywistość, taką jaka jest teraz i świadomość, że możecie ją zmienić. Nie pragnąc aby rzeczywistość zbyt długo tak wyglądała. To wszystko, co trzeba zrobić, to mieć gotowość pozwalać jej się zmieniać w coś innego.

S: Więc, jeśli życie się zmieni, to znaczy, że jest to zdezorientowana świadomość, która kreuje więcej przypadków jak w Bośni, czy więcej bezdomnych ludzi? Dokąd ta świadomość podąża, dokąd idzie ta czarna energią, którą mogłam wykreować albo inna część mnie, która jest odseparowana od informacji, które podaje telewizja, kiedy widzę bezdomnego, dokąd to idzie, kiedy ja mówię „no cóż, to nie moja rzeczywistość, ja w to nie wierzę, już tego nie wybieram".

R: To nie ważne, widzisz? Robisz to z pozycji zapierania się temu.

S: Dokładnie.

R: Dokładnie? Aby dokonała się zmiana, musisz funkcjonować w przyzwoleniu, nie zapieraniu się, nie w reakcji, zgodzie na to, czy w przystaniu na to.

S: Jestem w stanie na to przyzwolić, chcę tylko zrozumieć gdzie…

R: Funkcjonujesz z poziomu oporu ponieważ próbujesz zrozumieć coś, co tak naprawdę nie istnieje. Tego, że inni ludzie, w swojej wolnej woli i poprzez wybory również kreują z pozycji czegoś, co nie istnieje, kontynuacja akceptacji, zgody i przystania na to, reakcji i oporu.

To są funkcyjne elementy twojego świata; ty, aby to zmienić, musisz funkcjonować z pozycji przyzwolenia. I za każdym razem, kiedy jesteś w przyzwoleniu, zmieniasz wszystkich dookoła siebie. Za każdym razem, kiedy ktoś atakuje cię mocnym punktem widzenia, ty mówisz „ach, interesujący punkt widzenia," i bądź w przyzwoleniu tego, zmieniłaś świadomość świata, ponieważ nie kupiłaś tego, nie uczyniłaś tego solidnym, nie zgodziłaś się na to, nie zaparłaś, nie zareagowałaś, nie urzeczywistniłaś. Pozwoliłaś rzeczywistości na przesunięcie się i zmianę. Tylko przyzwolenie kreuje zmianę. Musisz sobie pozwolić tak bardzo, jak pozwalasz innym, w przeciwnym razie kupiłaś ten sklep i płacisz za niego swoimi kartami kredytowymi.

S: Czy to staje się totalnym pacyfikatorem dla świata?

R: Absolutnie nie. Zróbmy coś, proszę, żeby wszyscy o tym pomyśleli przez minutę. Ale ty, S, będziesz naszą świnką doświadczalną, ok.? Dobrze. Pozostało wam 10 sekund życia, co wybierzecie? To życie się skończyło, nie dokonaliście wyboru. Macie 10 sekund życia, co wybierzecie?

S: Wybieram, że nie wybieram.

R: Wybierasz, że nie wybierasz, ale widzisz, że możesz wybrać cokolwiek. Jak zaczniesz zdawać sobie sprawę, że masz tylko 10 sekund kreacji. 10 sekund zabiera wykreowanie rzeczywistości. 10 sekund, mniej niż w zaufaniu, ale na teraz, to jest czas, w którym musicie funkcjonować. Jeśli funkcjonujesz w 10 sekundach, wybrałabyś radość, czy smutek?

S: Muszę wybrać smutek.

R: Dokładnie. Widzisz? Wykreowałaś swoją rzeczywistość bazując na wyborze smutku. I kiedy dokonujesz wyboru z pozycji przeszłości lub oczekiwań w przyszłości, nie dokonujesz żadnego wyboru, nie przeżyłaś i nie żyjesz swoim życiem, egzystujesz jako monumentalne, monolityczne ograniczenie. Interesujący punkt widzenia, co?

S: Tak.

R: No dobrze, jaka jest twoja następna odpowiedź? Druga odpowiedź na twojej liście.. zapomnieliśmy jakie było pytanie.

S: Co czujesz na temat pieniędzy?

R: Co czujesz na temat pieniędzy, tak, dzięki.

S: Dla mnie podsumowując, jak myślę, na tej platformie, to walka w więzieniu...

R: Ach, tak. Bardzo interesujący punkt widzenia, co? Czuję pieniądze jak walkę w więzieniu. No cóż, to chyba opisuje każdego w tym pomieszczeniu. Czy jest tu ktokolwiek, kto nie widzi tej rzeczywistości, którą wykreował?

S: Walka w więzieniu?

R: Tak.

S: Ja nie widzę.

R: Ty tego nie widzisz?

S: Może trochę. Nie rozumiem tak naprawdę co to znaczy.

R: Czy nie walczysz nieustająco, żeby mieć pieniądze?

S: Oh, rozumiem.

R: I nie czujesz się jak w więzieniu tego, że ciągle masz za mało?

S: Poddaję się (Śmiech).

R: Dobrze.

S: Chyba każdy jest w podobnej rzeczywistości.

R: Wszyscy żyjecie tą samą rzeczywistością. Czy musimy to jakość komentować?

S: Tak. A jeśli chodzi o S, to jaki ma system barterowy?

R: Czyż nie jest to malutkie osobiste więzienie?

S: Nie mam pojęcia, co ty o tym wiesz, S?

S: Tak, tak jest.

R: Tak, tak jest. Widzicie? Każdy ma swój punkt widzenia. Patrzycie na S i widzicie jego rzeczywistość, jako wolność, ale on patrzy na Donalda Trumpa i myśli, że to wolność (Śmiech).

S: OK, mówisz, że musimy o tym porozmawiać, cóż, w jaki sposób to przychodzi?

R: Przyzwolenie. Interesujący punkt widzenia. Czuję się uwięziony przez pieniądze, pieniądze są jak więzienie. Czy czujesz się z tym komfortowo? Czy jest to dla ciebie poszerzeniem? Nie. To jest jak ograniczenie. Czy ta rzeczywistość jest tym, co wybrałeś i w jaki sposób wybrałeś kreowanie swojego życia? To nie jest bardziej rzeczywiste niż ściany. Ale ty zadecydowałeś, że ściany są nie do przejścia i powstrzymują przed zimnem. I właśnie dlatego tak działają. Więc również wszystkie twoje ograniczenia na temat pieniędzy kreujesz z tego samego poziomu solidności. Zacznij funkcjonować w przyzwoleniu, to jest właśnie twój bilet do uwolnienia się z pułapki, którą sobie wykreowałeś. Ok.? następne pytanie.

ROZDZIAŁ PIĄTY

Jak wyglądają dla ciebie pieniądze?

Rasputin: No dobrze, następne pytanie, jak wyglądają dla ciebie pieniądze?

S: Zielone i złote i srebrne.

R: Więc mają kolor, są dopasowane i solidne. Czy taka jest prawda?

S: Nie.

R: Nie, pieniądze są tylko energią. Koniec. Forma, jaką przybierają jest w tym fizycznym świecie, nadaliście temu znaczenie i solidność, i kreujecie dookoła nich solidność swojego świata, co kreuje niemożliwość ich posiadania. Jeśli widzicie tylko złoto i srebro, to lepiej powieście dużo łańcuszków dookoła szyi. Jeśli są zielone to, jeśli założycie coś zielonego, to będziecie mieli pieniądze?

S: Nie.

R: Nie. Więc musicie widzieć pieniądze nie jako formę, ale jako świadomość energii, ponieważ to jest lekkość, z której możecie kreować totalną ich obfitość.

S: W jaki sposób zobaczyć energię?

R: Dokładnie tak, jak się czułeś, kiedy przeciągałeś ją przez każdą komórkę swojego ciała; w ten sposób widzisz energię. Widzisz energię z odczuciem świadomości. Dobrze?

S: Tak.

R: Następne pytanie.

ROZDZIAŁ SZÓSTY

Jak smakują dla ciebie pieniądze?

Rasputin: A teraz następne pytanie. Jakie jest następne pytanie?

Student: Jak smakują?

R: Dobrze. Kto chce odpowiedzieć na to następne pytanie? To będzie fajne.

S: Pieniądze smakują, jak czarna gęsta czekolada.

R: Hmm, interesujący punkt widzenia, co? (Śmiech)

S: Papier, tusz i brud.

R: Papier, tusz i brud, interesujący punkt widzenia.

S: Brudna opaska na oczy.

S: Kubki smakowe z jednej strony ust zaczęły się ślinić.

R: Tak.

S: Słodkie i wodniste.

S: Śliski brud, marmurowe kulki i brzoskwiniowe drzewa.

R: OK. Dobrze. Więc smakują interesująco, prawda? Zauważcie, że pieniądze smakują bardziej interesująco niż uczucia. Mają więcej możliwości. Jak myślicie, dlaczego się tak dzieje? Ponieważ wykreowaliście je jako coś cielesnego. Dla S, pieniądze są jak jedzenie, jedzenie czekolady. Tak. Tak, widzicie, że każdy ma punkt widzenia na temat tego, jak smakują pieniądze, że smakują jak coś innego. Są śliskie, interesujące, czyli przepływają ci przez język co? Czy wchodzą w gardło równie łatwo?

S: Nie.

R: Interesujący punkt widzenia. Dlaczego?

S: Bo się blokują.

R: Interesujący punkt widzenia: twarde, chrupiące, masywne. Naprawdę macie interesujące punkty widzenia na temat pieniędzy.

S: Ale ciągle są to te same punkty widzenia.

R: To ciągle te same punkty widzenia, to ciągle punkty widzenia na temat pieniędzy.

S: Nawet jeśli wydają się inne...

R: Nawet jeśli wydają się inne.

S: ....powiedziała czekolada i powiedziała gorzka, ale ciągle to jest to samo.

R: To jest to samo, to dotyczy ciała. To ma związek z twoim ciałem.

S: Smak ma związek.

R: Poważnie?

S: Tak.

R: Nie możesz smakować bez ciała?

S: Nie mogę smakować kanapki.

R: A pieniądze? Faktem było, że pieniądze są funkcją ciała. Widzisz je jako trójwymiarową rzeczywistość, a nie rzeczywistość kreacji. Widzisz je jako solidne, realistyczne, rzeczywiste, i jak coś co ma smak i strukturę. I dlatego w odpowiedni sposób się zachowujesz jeśli chodzi o pieniądze. Ale jeśli jest to energia, jest lekkością i łatwością. Jeśli jest to ciało, wówczas jest ciężkie i nadajemy temu znaczenie. A ty właśnie w ten sposób, ciężki i nadając znaczenie, wykreowałeś je, prawda?

S: Tak.

R: Czy stąd nie pochodzą wszystkie punkty widzenia?

S: Więc jak zadałeś pytanie na temat smaku, poszliśmy znów do naszych założeń.

R: Założenia. Bezustannie zakładasz, że to ciało jest miejscem, gdzie żyjesz, i w jaki sposób funkcjonujesz. Wiesz, że jest śliskie, brudne, i co tylko można sobie wyobrazić, że jest napakowane zarazkami. Cóż za interesujący punkt widzenia na temat pieniędzy.

S: Czasem jest ciepłe i zimne.

R: Ciepłe i zimne? Naprawdę?

S: Jest tam coś innego, jest tam faktor zaufania, standard złota, jak...

R: To jest punkt widzenia, rozważanie które kupiłeś. Czy jest to rzeczywiste? Już nie!!! (Śmiech) Czy coś sie kryje za pieniędzmi? Weź banknot dolarowy, co się za nim kryje?

S: Powietrze.

R: Nic się nie kryje! Powietrze! Cała masa powietrza, dokładnie to się tam kryje (Śmiech).

S: Dużo ciepłego powietrza.

R: Dużo ciepłego powietrza, dokładnie. (Śmiech). I jak słuchacie innych ludzi, kiedy mówią o pieniądzach, czy kreują oni pieniądze jako ciepłe powietrze, czy mówią o nich jak o ciepłym powietrzu? Tak, w jaki sposób oni je kreują? To coś bardzo znaczącego, ciężkiego i masywnego, prawda? Przytłacza cię jak worek cegieł. Czy to jest prawdziwe? Czy tak chcecie je sami kreować? Dobrze. Zacznijcie więc patrzeć na nie, poczujcie je. Poczujcie, za każdym razem jak słyszycie przychodzące do was przemyślenie na temat pieniędzy. To jest wasza praca domowa, dokładam ją do innych domowych prac. Za każdym razem jak czujesz energię przemyślenia, pomysłu, wierzenia, decyzji lub postawy w stosunku do pieniędzy, poczuj którą część ciała to dotyka. Poczuj wagę tego i zmień to na lekkość. Przemień to w lekkość, to tylko interesujący punkt widzenia.

To tylko interesujący punkt widzenia, to wszystko. To nie jest rzeczywiste. I bardzo szybko zdacie sobie sprawę w jaki sposób wasze życie było kreowane; pieniądze płyną do was, z waszej woli, jako udział w kupowaniu punktów widzenia wszystkich innych ludzi. Gdzie jesteś ty w tym zestawieniu? Odszedłeś, umniejszyłeś się, pozwoliłeś sobie zniknąć i stałeś się służącym, niewolnikiem tego, co nazywasz pieniędzmi. One są taką prawdą, jaką prawdą jest powietrze, którym oddychasz. Nie mają większego znaczenia niż oddech. Nie mają większego znaczenia, niż patrzenie na kwiaty. Kwiaty przynoszą ci radość, prawda? Patrzysz na kwiaty, a one przynoszą ci radość. Kiedy patrzysz na pieniądze, co się dzieje? Masz depresję, nie masz tyle pieniędzy, ile byś sobie życzył. Nigdy nie masz wdzięczności dla pieniędzy, które już masz, prawda?

S: Nie.

R: Dostajesz sto dolarów i mówisz "oh, to będzie na rachunek, cholera, chciałbym mieć więcej" (Śmiech). Zamiast powiedzieć „O rany! Zamanifestowałem coś super, czy nie super?" Nie celebrujecie tego, co wykreujecie, zamiast tego mówicie "ups, znów nie mam wystarczająco". Co to ukazuje? Co to manifestuje w twoim życiu? Kiedy patrzysz na banknot, kiedy znajdziesz dolara na ulicy, podnosisz go, wkładasz do kieszeni i mówisz „miałem szczęście". Czy myślisz sobie „Kurczę, zrobiłem kawał dobrej roboty manifestując to, czy zrobiłem taką samą wspaniałą robotę kreując kilka innych źródeł przypływu pieniędzy"? Nie, nie robisz tego, dlaczego? Bo nie było to dziesięć tysięcy dolarów, których myślisz, że potrzebujesz. I znów słowo *potrzeba*.

S: Jak smakują pieniądze?

R: Jak smakują pieniądze?

S: Są brudne.

R: Brudne? Nie dziwię się, że nie masz żadnych pieniędzy. (Śmiech).

S: Słodkie.

R: Słodkie. Masz trochę więcej pieniędzy.

S: Smakują dobrze.

R: Smakują dobrze, masz też trochę pieniędzy w skarpecie.

S: Smakuje jak woda.

R: Jak woda, i uciekają jak woda, co? (Śmiech). Dokładnie przez pęcherz. Jakie macie inne punkty widzenia? Nikt już nie ma innych punktów widzenia na temat pieniędzy?

S: Obrzydliwe.

R: Obrzydliwe. Kiedy ostatnio próbowałeś pieniędzy?

S: Jako dziecko.

R: Jasne, ponieważ powiedziano ci, że pieniądze są brudne i żeby nie brać ich do ust. Ponieważ kupiłeś ten punkt widzenia, że pieniądze są obrzydliwe. Kupiliście ten punkt widzenia, że to nie jest dobro, że nie jest to energia i że trzeba tego unikać. Ponieważ było to brudne i ponieważ nie dostarczało ci nic jako coś dobrego. Kupiłeś to w bardzo młodym wieku i podtrzymałeś ten punkt widzenia na wieki. Możesz wybrać teraz inaczej?

S: Tak.

R: Dobrze. Pozwólcie sobie mieć rzeczywistość, w której jest tylko interesujący punkt widzenia. Jakkolwiek smakują pieniądze. To nie jest solidne, to energia i ty też jesteś energią. OK? Czy wykreowałeś swój świat dookoła punktów widzenia na temat pieniędzy? One są brudne, obrzydliwe i masz ich ograniczoną ilość, bo nie chcesz być brudasem? Czasem fajniej jest być brudnym, przynajmniej tak było w moim życiu. (Śmiech).

ROZDZIAŁ SIÓDMY

Kiedy widzisz przypływające do ciebie pieniądze, skąd one do ciebie płyną?

Rasputin: No dobrze. A teraz następne pytanie. Jakie jest następne pytanie?

Student: Skąd płyną do ciebie pieniądze?

R: Dobrze. Skąd płyną do ciebie pieniądze?

S: Z przodu.

R: Przód. To znaczy, że są ciągle w przyszłości, tak? Kiedyś w przyszłości będziesz je mieć i będziesz bardzo bogaty. Wszyscy to wiemy.

S: Ale czasem widzę, że się pojawiają znikąd.

R: Znikąd to lepsze miejsce, ale nigdzie, gdzie jest nigdzie? Zewsząd byłoby lepszym miejscem, skąd mogą się pojawiać.

S: A jeśli przychodzą zewsząd tylko nie z góry?

R: A dlaczego to ograniczasz?

S: Wiem, nigdy o tym nie myślałam.

R: Nigdy nie myślałem, że to ok, że deszcz przychodzi jako...

S: Nie, widziałam deszcz, ale nie myślałam, że to idzie z ziemi. Twoje własne drzewo, na którym rosną pieniądze.

R: Tak, pozwól, żeby pieniądze rosły dla ciebie wszędzie. Pieniądze mogą przyjść zewsząd, zawsze tu są. A teraz poczuj energię w tym pomieszczeniu. Czy zaczynasz kreować jako pieniądze. Czujecie różnicę w waszych energiach?

Grupa: Tak.

R: Tak, skąd do was przychodzą?

S: Od mojego męża

Grupa: (Śmiech).

R: Mój mąż, inni? Skąd jeszcze?

S: Kariera.

R: Kariera, ciężka praca. O jakich punktach widzenia tu mówicie? Jeśli mówicie, że płyną od innej osoby, gdzie ta osoba jest ulokowana? Z przodu was, z boku, z tyłu?

S: Z tyłu.

R: Jeśli jest to twój ex-małżonek.

S: Tak jest.

R: Tak, więc patrzysz w przeszłość, na niego, żeby zorganizował ci życie. Z tego punktu kreujesz?

S: Nie, ale myślę.....

R: Tak, ok. Kłamiesz. Więc po pierwsze popatrz na to pomieszczenie i pociągnij energię z tego pomieszczenia, z przodu siebie, przez każdą komórkę twojego ciała, ciągnij przez każdą najmniejszą komórkę swojego ciała. Dobrze, a teraz pociągnij z tyłu siebie, przez każdą komórkę swojego ciała. Dobrze. A teraz z boków siebie przez każdą komórkę ciała. A teraz z dołu od ciebie, przez każdą komórkę ciała. A teraz z góry, przez każdą komórkę ciała. A teraz masz energię, która przychodzi zewsząd i pieniądze są tylko inną formą energii, a teraz zmień to na pieniądze, żeby płynęły przez każdą komórkę twojego ciała z każdej strony.

Widzicie, że uczyniliście to bardziej solidnym, większość z was? Rozpuście to, otrzymujcie znów energię. A teraz zmieńcie to w pieniądze. Dobrze, tak jest lepiej, w ten sposób stajecie się pieniędzmi, przepuszczacie je przez każdą komórkę swojego ciała. Nie patrzcie na nie, że przychodzą od innych ludzi, z innego wymiaru, z pracy – pozwólcie im przypłynąć. A teraz zatrzymajcie ten przypływ w każdej części waszego ciała. Teraz chcemy, żebyście pociągnęli energię z przodu tak bardzo, jak tylko możecie. A teraz niech z was wypłynie, jeszcze, jeszcze. Czy wasza energia się umniejsza? Nie. Poczujcie z tyłu siebie, tak jak przepuszczaliście ją z przodu.

Nie ma końca energii, ona ciągle płynie. Tak jak pieniądze. A teraz pociągnij energię do każdej komórki swojego ciała zewsząd. Dobrze. Dokładnie tak. A teraz zauważcie, że ciągnęliście energię zewsząd, również wypływa ona wszędzie, nie jest zastała. A teraz zmieńcie tę energię na pieniądze i zobaczycie, jak dookoła was latają pieniądze, ze wszystkich stron. Tak, to przepływa przez was, wypływa i płynie dookoła i przepływa. Cały czas się rusza, to jest energia - tak jak ty. To jest tobą, ty jesteś tym. Tak, dokładnie tak.

No dobrze, zatrzymajcie ten przepływ. A teraz, poślijcie pieniądze, setki dolarów do każdego w tym pomieszczeniu, kto jest naprzeciw ciebie. Posyłajcie, masywne ilości pieniędzy, pozwólcie, żeby otrzymali masywne ilości pieniędzy, posyłaj, posyłaj, posyłaj. Zauważcie, że ciągle ciągniecie energię przez plecy i jeśli pozwolicie, tak dużo energii przypłynie do was z tyłu, jak dużo jej posyłacie jako pieniądze. Czy to daje wam wyobrażenie?

Kiedy myślisz, że masz za mało pieniędzy, żeby zapłacić rachunek i ciężko ci wysłać pieniądze, to tylko dlatego, że zamknąłeś tył siebie i nie jesteś w stanie ich otrzymać. Pieniądze przepływają w jedną i drugą stronę, kiedy blokujesz to przez punkty wiedzenia, że jutro nie będziesz ich miał wystarczająco, to kreuje ułomność w samym tobie. A ty nie masz ułomności poza tymi, które osobiście kreujesz. OK., wszyscy to rozumieją? Następne pytanie.

ROZDZIAŁ ÓSMY

Jeśli chodzi o pieniądze, to czujesz, że masz ich więcej niż potrzebujesz, czy mniej niż potrzebujesz?

Rasputin: No dobrze. Następne pytanie.

Student: W stosunku do pieniędzy, co czuję "mam ich więcej niż potrzebuję, czy mniej niż potrzebuję?"

R: Tak. Jeśli chodzi o pieniądze, to czujesz, że masz ich więcej niż potrzebujesz, czy mniej niż potrzebujesz?

S: Mniej.

S: Ja też muszę powiedzieć, że mniej.

S: Każdy mówi, że mniej.

R: Tak, no jasne. Nie ma nikogo, kto miałby wystarczająco. I ponieważ ciągle widzicie to, jako potrzebę, co zawsze wykreujecie? Potrzebę, nie wystarczająco.

S: No dobrze, ale jak ja muszę zapłacić jutro rachunki?

R: Tak, zawsze szukacie wyjścia jak zapłacić jutro rachunek. Dokładnie, dziękuję bardzo. Zawsze chodzi o zapłacenie jutrzejszych zobowiązań. Czy macie dziś wystarczająco? Tak!

S: Jestem OK?

R: "Jestem OK", kto to powiedział? Masz interesujący punkt widzenia: jestem OK. Jestem wspaniały, jestem cudowny i teraz wykreujesz więcej.

Moje pieniądze są cudowne, kocham tyle pieniędzy, mogę ich mieć tyle ile pragnę. Pozwól, żeby do ciebie przyszły. Bądź wdzięczny za fakt, że masz je dziś, nie bój się o jutro, jutro jest nowym dniem, zamanifestujesz inne rzeczy. Pojawią się możliwości, prawda?

A teraz powiedzmy mantrę "wszystko w życiu przychodzi do mnie z lekkością, radością i obfitością" (klasa powtarza mantrę kilka razy). Dobrze, poczujcie tę energię, nie jest ona taka sama jak „jestem mocą, jestem świadomością, jestem kontrolą, jestem kreatywnością, jestem pieniędzmi"?

S: I miłością?

R: I miłością. Ty zawsze jesteś miłością, zawsze nią byłeś i będziesz. To jest dar.

S: Dlaczego?

R: Dlaczego to jest normalne? A jak myślisz, że siebie wykreowałeś? Z miłości. Przyszedłeś w to miejsce z miłości. Jedyną osobą, której nie dajesz miłości z lekkością, to ty sam. Bądź miłością do siebie a jesteś pieniędzmi, radością i lekkością.

ROZDZIAŁ DZIEWIĄTY

Jeśli chodzi o pieniądze, kiedy zamkniesz oczy, jakie one mają kolor i ile mają wymiarów?

Rasputin: : Jeśli chodzi o pieniądze, kiedy zamkniesz oczy, jakie one mają kolor i ile mają wymiarów? Ktoś chce odpowiedzieć?

Student: trzy wymiary.

R: Niebieskie i trzy wymiary.

S: Wielowymiarowe?

S: Zielone i mają dwa wymiary.

S: Zielone i trzy.

R: Interesujące, że dla większości z was to tylko dwa wymiary. A macie dostępną wielowymiarowość. Niektórzy mają trzy.

S: Ja miałam dużą otwartą przestrzeń.

R: Duża otwarta przestrzeń, to trochę lepiej. Duża otwarta przestrzeń to miejsce, w którym powinny być pieniądze, poczuj energię tego. Wówczas pieniądze mogą przyjść zewsząd, prawda? I są wszędzie. Kiedy widzisz pieniądze, jako otwartą, dużą przestrzeń tam nie ma braku/niedoboru, prawda? Nie ma umniejszania, nie ma formy, nie ma struktury, nie ma znaczenia.

S: I nie ma koloru?

R: I nie ma koloru. Ponieważ, w porządku, patrzycie na dolara amerykańskiego, a co byście powiedzieli na złoto? Czy to jest zielone i ma trzy wymiary? Nie. A co, jeśli chodzi o srebro? Czasem jest opalizujące, ale niedostatecznie. Czy jest może płynne? Macie płynne kolory?

S: Nie.

R: A ten facet w sklepie? Jak chcesz z nim rozmawiać? Idziesz do sklepu, żeby coś kupić? Cóż za założenie...

S: To jest drogie.

R: Tak, to jest duża otwarta przestrzeń, ale ty, mówimy tu o tym żebyś pozwolił mieć sobie tyle pieniędzy, żebyś nigdy o nich już nie myślał. Nigdy nie myśl o pieniądzach. Kiedy idziesz do sklepu, czy patrzysz na rzeczy, które masz w koszyku i dodajesz do siebie ich wartość, żeby zobaczyć czy masz na nie wystarczająco pieniędzy?

S: Czasem się boję otworzyć rachunku za moją kartę kredytową.

R: Dokładnie. Nie otwieraj rachunków za kartę kredytową, jak nie chcesz wiedzieć ile jesteś winien pieniędzy (śmiech). Ponieważ wiesz, że masz niewystarczająco dużo pieniędzy, żeby za nią zapłacić. Automatycznie to zakładasz.

S: Ja po prostu nie chcę na to patrzeć.

R: Nie chcesz?

S: Na to patrzeć.

R: Zapisz to, zapisz.

S: Chcę, chcę, chcę.

R: Chcę, chcę. Zapisz to i podrzyj. Żadnych więcej *chcę* czy *potrzebuję*, to niedozwolone, ok?

ROZDZIAŁ DZIESIĄTY

Jeśli chodzi o pieniądze, co jest łatwiejsze: ich przypływ (zdobywanie) czy odpływ (wydawanie)?

Rasputin: No dobrze. A teraz następne pytanie.

Student: Jeśli chodzi o pieniądze, co jest łatwiejsze: ich przypływ (zdobywanie) czy odpływ (wydawanie)?

R: Czy jest ktoś, kto powiedział przypływ jest łatwiejszy?

S: Jeśli jest ktoś taki, to skłamał. (Śmiech) Nie, ja tak nie mam.

R: Teraz, biorąc pod uwagę, że nie patrzysz na wydatki na karcie kredytowej, to absolutnie nie była prawda.

S: Nie jestem pewna która.

R: Nie jestem pewna, interesujący punkt widzenia, co? Więc, dla was wszystkich, pomysł, że pieniądze odpływają jest najbardziej znaczącym punktem widzenia, którego się trzymacie. Łatwo jest wydać pieniądze, ciężko jest pracować, muszę pracować, żeby mieć pieniądze. Interesujący punkt widzenia, co?

Kto kreuje te punkty widzenia? Wy! Poczuj pieniądze, poczuj energię, która przepływa przez twoje ciało. Dobrze, płynie ona zewsząd, poczuj jak płynie.

A teraz wypuść energię z przodu siebie i poczuj jak płynie z tyłu ciebie i pozwól niech się wyrówna. A teraz poczuj setki dolarów wypływających z przodu ciebie i setki dolarów wpływających z tyłu. Dobrze. A teraz poczuj tysiące dolarów wypływających z przodu ciebie i tysiące dolarów wpływających z tyłu ciebie. Poczujcie jak niektórzy z was czynią to solidnym/gęstym. Rozprzestrzeńcie się, to tylko pieniądze, to nie ma znaczenia i nawet nie masz ich w kieszeni, żeby je stamtąd wyciągnąć. A teraz pozwól, żeby miliony dolarów wypływały z przodu ciebie i miliony wpływały z tyłu. Widzicie, że jest łatwiej pozwolić przepływać milionom niż tysiącom dolarów? To dlatego, że nadałeś znaczenie temu ile możesz mieć pieniędzy i jak przychodzi do milionów to znaczenie znika.

S: Dlaczego?

R: Ponieważ nie sądzisz, że będziesz miał milion, więc to cię nie dotyczy. (Śmiech).

S: Miałam dużo więcej trudności z pozwoleniem przypływu pieniędzy z tyłu. Może powinnam.

R: Może, ale masz większe przyzwolenie, żeby pieniądze odpływały, niż przypływały. To kolejny interesujący punkt widzenia, prawda? A teraz, czy energia wypływu jest równa tej przypływającej? Tak, poniekąd. Ale nie ma ograniczeń dla energii, nie ma też ograniczeń dla pieniędzy poza tymi, które ty sam kreujesz. Jesteś szefem swojego życia. To ty je kreujesz poprzez swoje wybory i swoje nieświadome myśli, poprzez założone punkty widzenia, które ci się przeciwstawiają. I uprawiasz je z miejsca, gdzie myślisz, że nie masz mocy, że nie masz mocy i nie możesz być energią, którą jesteś.

ROZDZIAŁ JEDENASTY

Jakie masz trzy najgorsze problemy z pieniędzmi?

Rasputin: A teraz, jakie jest następne pytanie?

Student: Jakiem masz trzy najgorsze problem z pieniędzmi?

R: Oh, to jest dobre pytanie. Kto na ochotnika?

S: Ja.

R: Super, tak.

S: Mam okropny strach przed brakiem pieniędzy.

R: Tak, rozmawialiśmy już o strachu. Czy potrzebujecie wiedzieć więcej na ten temat? Wszyscy mają z tym jasność? Ok. Następne.

S: Chcę kupić dużo rzeczy.

R: Ach, interesujący punkt widzenia, kupowanie dużo rzeczy. Co przez to otrzymujesz, że kupujesz dużo rzeczy? (śmiech). Dużo do robienia, dużo do zajmowania się czymś, wypełniasz swoje życie wieloma rzeczami. Jak lekko się czujesz?

S: Obciążona i później rozdaję te rzeczy dla sąsiadów, na urodziny...

R: Tak. Więc jaka jest wartość kupowania wielu rzeczy?

S: To jest w mojej krwi.

R: Dlaczego zwracasz na to uwagę?

S: Dlatego, że mnie to martwi.

R: Martwi cię, że kupujesz?

S: Tak.

R: Dobrze. Więc jak sobie poradzić z pragnieniem kupowania? Przez bycie energią, bycie świadomością, bycie kontrolą i bycie kreatywnością. Kiedy czujesz, że musisz coś kupić, robisz to dlatego, że myślisz, że nie masz wystarczająco dużo energii. Pociągnij energię do siebie. Jeśli chcesz przełamać to przyzwyczajenie kupowania, dawaj pieniądze bezdomnym na ulicy albo wyślij je organizacji charytatywnej lub daj znajomemu. Ponieważ to, o czym zadecydowałaś, to fakt, że przychodzi do ciebie za dużo pieniędzy. Więc musisz się upewnić, że wyrównasz przepływ właśnie na podstawie twojego punktu widzenia. Widzisz w jaki sposób to robisz?

S: Tak. Prawdę pozwiedzawszy mam za dużo przychodu.

R: Tak. Więc, czy może być taka sytuacja, że będzie za dużo przypływu w stosunku do odpływu? Nie, to jest wyimaginowana rzeczywistość. I w jaki sposób tu egzystujesz i co zakładasz, to fakt, że nie jesteś duchowa, nie jesteś podłączona do boskiej mocy, jeśli masz jej za dużo. To nie ma znaczenia tak naprawdę, to co ma znaczenie, to wybory, których dokonujesz na temat tego, jak kreować twoje życie. Jeśli kreujesz jako energia, jako moc, jeśli kreujesz jako świadomość, jeśli kreujesz jako kontrola, będziesz miała w życiu radość, czyli, to co chcesz osiągnąć najpierw. To czego pragniesz, to lekkość, radość i obfitość, za tym podążasz i za tym idziesz. I to osiągniesz, jeśli będziesz stosować się do tego, co uzyskałaś dziś wieczorem na klasie. Czy odpowiedzieliśmy na wszystkie pytania?

S: Mam to samo, kiedy mam pieniądze, czuję się tak, cóż, czuję, że ktoś ich nie ma i ja powinnam im je dać. I dlatego nie mam pieniędzy lub się o nie martwię.

R: Co by było, gdybyś dała im energię?

S: Dać im energię zamiast pieniędzy?

R: Tak, to jest to samo.

S: Więc jak ktoś żebrze w podziemiach, powinieneś mu... (śmiech)

R: Tak powinieneś tylko.....

S: Proszą cię o dolara, a ty po prostu.....

R: Czyżbyście nie oddychali dziś energią?

S: Tak.

R: Czyżbyście nie jedli dziś energii? Jaki jest cel jedzenia? Żeby dostać energię. Jaki jest cel pieniędzy? Żeby mieć energię. Jaki jest cel oddychania? Żeby mieć energię. Nie ma żadnej różnicy.

S: Ale wygląda na to, że jest różnica.

R: Tylko dlatego, że tak zdecydowaliście i wykreowaliście różnicę. Założenie jest takie, że to się różni.

S: Tak jest.

R: I kiedy tak zakładacie, zaczynacie kreować z tej pozycji, a to kreuje brak pieniędzy i brak energii.

S: Ale to nie wydaje mi się do końca prawdziwe, ponieważ wydaje się, że ta część na temat moich założeń, to fakt, że jestem człowiekiem, a to...

R: I to jest złe założenie.

S: No, żyję w ludzkim gronie pośród takiej kreacji jak chleb, woda, czas, rząd...

R: Czyli kreujesz siebie, jako ciało.

S: Kreuję siebie jako S, w 1996 roku, w Nowym Jorku. Tak.

R: Kreujesz siebie, jako ciało. Tym chcesz naprawdę być? Jesteś tam szczęśliwa?

S: No...

R: Nie!

S: Kiedy byłam poza ciałem, były tam miejsca, które wydawały się gorsze, więc wydaje się, że to jest dobry punkt, żeby zobaczyć jak mogę rozwiązać ten problem. I w tym samym czasie był to raczej zły...

R: No tak. Ale w jakimkolwiek miejscu się znajdujesz, kreujesz rzeczywistości przez swój własny punkt widzenia.

S: Ja tego tak nie widzę, wydaje się, że inni kreują ze mną albo dla mnie, albo nade mną. Nie sądzę, że mogłabym tak powiedzieć, nie sądzę, może, ale nie sądzę.

R: Nie kontrolujesz tego, co mówimy?

S: Tego, co ty mówisz. To znaczy, my jesteśmy jakoś połączeni....

R: Tak.

S: ...I każdy jest, ale... i.... paradoksem jest to, że ty jesteś tobą i nie zastanawiam się nad tym, ale jesteś istotą duchową.

R: Ty też nią jesteś.

S: I ty jesteś S (inny student), i ty jesteś S (inny student), i dzielimy razem jakąś rzeczywistość, jesteśmy w Nowym Jorku w 1996 roku, prawda? Ale ja jakoś jestem z tobą, ale nie sądzę, żebym była tobą.

R: To prawda, o tym właśnie mówimy, ty nie sądzisz. Za każdym razem jak sądzisz (myślisz)...

S: Mam problem.

R: Masz problem.

S: Złapałeś to. (Śmiech).

R: Wyrzuć więc swój umysł, jest niepotrzebną kupą śmieci.

S: I skocz z dachu.

R: I skocz z dachu, i zacznij latać jako to istnienie, którym jesteś. Tak, kiedy pozbywasz się umysłu i zatrzymujesz proces myślenia, pamiętaj każda myśl posiada komponent elektryczny, a to kreuje twoją rzeczywistość. Za każdym razem, kiedy myślisz „jestem tym", „jestem ciałem", tym się dokładnie stajesz. Nie jesteś S, jesteś pozornością S tym razem, ale miałaś miliony wcieleń i miliony innych osobowości. I ciągle nimi jesteś, właśnie teraz. Twoja świadomość, największa część jej z twojego punktu widzenia jest tutaj, właśnie teraz. To również nie jest rzeczywistością. Kiedy odłączysz się od myślenia, że twoja rzeczywistość jest kreowana w tym momencie z totalną świadomością i zaczniesz widzieć, gdzie masz inne myśli, punkty widzenia i cudze postawy, wierzenia, decyzje i pomysły, wówczas zaczniesz łączyć te inne wymiary, które mogą dać ci wspanialszą rzeczywistość na tej platformie, wspanialszą niż wszystko, co do tej pory próbowaliście wykreować bazując na procesie myślenia. I to jest miejsce, gdzie prawdziwie pragniecie podążać.

Myślenie konkluduje z istnieniem, ponieważ nie jest to proces kreatywny, to pułapka. Następne pytanie.

ROZDZIAŁ DWUNASTY

Czego masz więcej: pieniędzy czy długów?

Rasputin: Następne pytanie.

Student: Czego masz więcej: pieniędzy czy długów?

R: Czego macie więcej?

S: Długów.

S: Długów.

R: Długi, długi, długi. Interesujące jest to, że każdy ma długi, dlaczego? Dlaczego macie długi? Poczujcie słowo *dług*.

S: Jest ciężkie.

S: Tak.

R: To tak jak tona cegieł. Damy wam małą wskazówkę, żeby to rozprzestrzenić. Ponieważ to ma taką ciężkość, kupiliście ten punkt widzenia, że to musi mieć dla was największe znaczenie, prawda? Ponieważ to jest ciężkie, ponieważ ma znaczenie, ponieważ jest solidne – dodajecie od siebie do tego, dodajecie, ponieważ kupujecie ten pomysł, że to jest ok., żeby mieć dług, kupujecie to, że ktoś powinien mieć dług i kupujecie ten pomysł, że nie możecie mieć wystarczająco dużo pieniędzy, jeśli nie będziecie mieli długu. Czy to jest prawdziwe?

S: Mhmmm.

R: Interesujący punkt widzenia. Czy to jest prawdziwe?

S: Tak, kiedyś tak myślałam.

R: Dobrze, czy jeszcze tak myślisz?

S: Nie.

R: Dobrze. Więc, w jaki sposób pozbywacie się swoich rachunków i długów? Przez zapłacenie niespłaconych należności. Czy możecie myśleć o niespłaconych należnościach w kategoriach czegoś solidnego? Poczujcie to, czy czujecie to tak samo jak dług?

S: Tam nie ma osądu.

R: Brak osądu, dokładnie. A jednak oceniasz siebie, bardzo mocno za to, że masz dług, prawda? I kiedy sam siebie oceniasz, od kogo dostajesz kopa?

S: Od siebie samego.

R: Dokładnie. Dlaczego więc jesteście na siebie wkurzeni, za kreowanie długu. No, cóż, powinniście być. Jesteście wspaniałymi i niezwykłymi kreatorami długu. Jesteś kreatorem, wykreowałeś olbrzymi dług, prawda?

S: O, Tak.

R: Wielgachny dług, o rany, jestem dobry w kreowaniu długu! Dobrze, a teraz przypatrz się sobie, jako wspaniałemu kreatorowi długu. Bądź wspaniałym kreatorem, którym jesteś, aby spłacić niezapłacone należności. Poczuj lekkość w niezapłaconych należnościach, w ten sposób kreujesz zmianę w swojej świadomości. Lekkość jest narzędziem, ponieważ jesteś lekkością, jesteś lekkością jako pieniądze, kreujesz przesunięcie i zmianę w swojej świadomości i świadomości każdego dookoła ciebie. I kreujesz dynamiczną energię, która rozpoczyna całkowitą zmianę obszaru, w którym żyjesz i sposób w jaki otrzymujesz pieniądze, i w jaki sposób do ciebie przychodzą, i to, że wszystko w twoim życiu się udaje. Ale, rozpoznaj to, że jesteś wspaniałym i doskonałym kreatorem, i wszystko, co wykreowałeś w przeszłości, jest dokładnie tym, co powiedziałeś, że było, i co kreujesz w przyszłości będzie dokładnie tym, co kreujesz, poprzez wybory, których dokonujesz. Dobrze, następne pytanie.

ROZDZIAŁ TRZYNASTY

Jeśli chodzi o pieniądze, to aby mieć ich obfitość w twoim życiu, jakie mogłyby być trzy rozwiązania twojej obecnej sytuacji finansowej?

Rasputin: No dobrze, zostały nam dwa ostanie pytania, tak?

Student: Jeszcze jedno pytanie.

R: Jedno ostanie pytanie. Jak ono brzmiało?

S: Jeśli chodzi o pieniądze, to aby mieć ich obfitość w twoim życiu, jakie mogłyby być trzy rozwiązania twojej obecnej sytuacji finansowej?

R: Dobrze. Kto na ochotnika do odpowiedzi na to pytanie?

S: Ja.

R: Dobrze.

S: Robić, to co kocham w najlepszy sposób.

R: Robić to co kochasz w najlepszy sposób?

S: Tak.

R: Więc, co powoduje, że myślisz, że nie możesz robić tego, czego kochasz w najlepszy sposób? Jakie założenie się pod tym kryje?

S: Że brakuje mi pieniędzy, żeby to robić.

R: A co kochasz robić najbardziej?

S: Kocham ogród i uzdrawianie.

R: Ogród i uzdrawianie? I wybierasz te rzeczy? Robisz te rzeczy?

S: Czasem.

R: Więc, co nie pozwala ci myśleć, że dostajesz to, czego pragniesz?

S: Um...

R: Ponieważ spędzasz osiem godzin dziennie robiąc coś, czego nienawidzisz?

S: Dokładnie.

R: Kto wykreował tę rzeczywistość?

S: Ale...

R: Nie potrzebują tu ogrodników w tym mieście? Dlaczego nie jesteś ogrodnikiem, skoro uwielbiasz ogrody?

S: Jestem w procesie robienia tego, sprawiam, że tak będzie, ale...

R: Więc jakie jest tu ukryte założenie, z poziomu którego funkcjonujesz? Czas.

S: Czas, tak.

R: Tak, czas.

S: Nie było czasu, żeby to wykreować.

R: Tak. Nie było czasu, żeby to wykreować. A o czym mówiliśmy na początku? Kreatywność, kreowanie wizji. Moc, bycie „jestem mocą", dodajesz energii do tego, czego pragniesz, świadomości wiedzenia, że będziesz to mieć. Gdzie ty bez przerwy podważasz swoje wiedzenie, na temat tego, czego pragniesz? Idziesz codziennie do pracy i mówisz „nie dostanę tego".

S: Dokładnie tak.

R: Co kreujesz z tego punktu widzenia? Ciągle tego nie masz i jutro tego nie będziesz mieć, ponieważ ciągle masz ten punkt widzenia, że tego nie otrzymałaś. I podjęłaś się kontroli i zadecydowałaś, że musi być tylko jedna dokładna droga, którą musisz iść, żeby do tego dotrzeć. A jeśli droga prowadzi do tego, żeby cię wyrzucili z pracy, żeby tam dojść gdzie chcesz, ale ty tego nie wiesz, prawda? Ale jeśli zdecydujesz, że jedyna droga do tego, aby to mieć, prowadzi przez trzymanie się pracy, której nienawidzisz, ponieważ to da ci wolność dotarcia do miejsca, gdzie chcesz być, to wykreowałaś dokładny opis i ścieżkę, w jaki sposób tam dotrzeć, a to nie pozawala obfitemu wszechświatowi pomóc ci.

A teraz damy ci inną sentencję, którą powinnaś sobie zapisać i czytać codziennie. Oto ona: **pozwalam nieograniczonemu wszechświatowi dostarczyć mi olbrzymiej ilości możliwości, zaprojektowanych tak aby otoczyć i wspomóc mój rozwój, moją świadomość i moje radosne wyrażanie życia**. To jest twój cel, to miejsce, do którego podążasz.

R: No dobrze, S, jaką masz następną odpowiedź?

S: Pozbyć się długu, żeby dojść do siebie i być wolnym.

R: Pozbyć się długu. Jakie kryje się pod tym założenie? Że nigdy nie wyjdziesz z długu i zawsze w nim będziesz. Więc co codziennie sobie mówisz? „Mam dług, mam dług, mam dług, mam dług, mam dług, mam dług, mam dług, mam dług" jak wielu z was ma długi?

S: Wszyscy prawdopodobnie je mamy.

R: I jak wielu z was mówi to ze wspaniałą obfitością i pilnością? (Śmiech).

S: Nie ja.

S: Pilność. (Śmiech).

R: Dobrze, więc nie kreujcie z tego poziomu. Kreujcie z „jestem pieniędzmi". Nie bójcie się o to, co nazywacie swoim długiem, spłacajcie go po trochu. Jeśli chcecie go spłacić w mgnieniu oka – każde 10% jakiejkolwiek kwoty, która się pojawia, wpłacajcie na ratę długu. Nie nazywajcie tego długami. Posłuchajcie tego słowa *dług*. Super, co? Nazywajcie to niezapłaconymi zobowiązaniami. (śmiech).

S: Ja tak zrobię!

S: To jest super, naprawdę super.

R: Ciężko powiedzieć "jestem niezapłaconym zobowiązaniem" (śmiech). Ciężko powiedzieć „siedzę w niezapłaconych zobowiązaniach". Ale „spłacam zobowiązania" to już łatwe. Widzicie, jak wyjść z długu? Nie możemy też ignorować aspektów wolności. Ukryty punkt widzenia to jest to, że nie macie wolności, co oznacza, że nie macie mocy, a to znaczy, że nie macie wyboru. Czy jest to prawda?

S: Nie.

R: Nie. Wybraliście to doświadczenie, każde doświadczenie w waszym życiu, każde doświadczenie dotyczyło czego? Kreowania wspanialszej i wspanialszej świadomości w was samych. Wszystko, co wybierałeś w przeszłości służyło obudzeniu się do rzeczywistości i prawdy o sobie, inaczej nie byłoby was tu tego wieczora, prawda?

S: Możesz to powtórzyć?

R: Wszystko, co do tej pory robiliście lub wybieraliście w życiu, służyło tylko i wyłącznie temu, aby obudzić was do prawdy was samych, inaczej was by dziś tu nie było. I jak, powtórzyliśmy to słowo w słowo? (śmiech). Dobrze, następny punkt widzenia?

S: Żeby żyć prostszym życiem.

R: Co za kawał głupoty. (Śmiech).

S: Wiem. (Śmiech). Wiedziałam to, już nawet jak to pisałam. (Śmiech)

R: Nie ma nikogo spośród was, kto zasługuje na prostsze życie, proste życie jest bardzo proste – umierasz! Wtedy masz proste życie. (Śmiech) Śmierć jest prosta, a życie; życie jest obfitością doświadczenia. Życie jest obfitością wszystkiego, jest obfitością radości, obfitością lekkości, jest rzeczywistością i prawdą dla ciebie. Jesteś nieograniczoną energią, jesteście w całości wszystkim, z czego ten świat jest zrobiony i za każdym razem, jak wybierzecie być pieniędzmi, być świadomością, być kontrolą, być mocą, być kreatywnością, zmieniacie fizyczną platformę na miejsce, w którym ludzie mogą mieć całkowitą świadomość, całkowitą radość i całkowitą obfitość. Nie tylko wy, ale każde istnienie na tej platformie jest pod wpływem wyborów, których dokonujecie. Ponieważ ty jesteś nimi a oni są tobą. I kiedy rozproszysz swoje rozważania, przejdziesz je, nie zakleszczysz swoimi rozważaniami innych, wykreujesz lżejszą planetę, cywilizację bardziej obudzoną i świadomą. I tego właśnie pragniesz, aby było to miejsce pokoju, a radość za tym podąży. Ale to wy jesteście tego kreatorami, wiedzcie to, radujcie się tym i wcielajcie w życie.

A teraz raz jeszcze powtórzymy narzędzia; kiedy czujesz energię myśli na temat pieniędzy jak zbliżają się do ciebie i czujesz jak się na ciebie wpychają, odwróć je i spraw, żeby odeszły, rób to dopóki poczujesz przestrzeń, którą jesteś. Wówczas będziesz wiedział, że te myśli nie są tobą i że wykreowałeś tę rzeczywistość. Pamiętaj, że kreujesz wizję tego, co będziesz miał, poprzez przyłączenie mocy, energii do tego. I bądź świadomy, że jest to rzeczywistość, która już zaczyna egzystować, ponieważ ty ją wymyśliłeś. Nie kontrolujesz sposobu, w jaki się to odbywa, ty jesteś kontrolą i dlatego to się stanie tak szybko, jak tylko ten nieograniczony wszechświat może tobie to dostarczyć. I dostarczy, nie oceniaj tego. Bądź wdzięczny każdego dnia za to, co manifestujesz, kiedy dostaniesz dolara, bądź wdzięczny, kiedy dostaniesz pięćset dolarów, bądź wdzięczny, kiedy dostaniesz pięć tysięcy dolarów, bądź wdzięczny, i nazywaj to, co teraz nazwałeś długiem – niespłaconymi zobowiązaniami, nie długiem. Nic nie jesteś dłużny w życiu, ponieważ nie ma przeszłości, nie ma przyszłości, jest tylko te 10 sekund, w których kreujesz swoje życie. Miej przed sobą mantrę „wszystko w życiu przychodzi do mnie z lekkością, radością i obfitością". Mów „jestem mocą, jestem świadomością, jestem kontrolą, jestem kreatywnością, jestem pieniędzmi" dziesięć razy z rana i dziesięć razy wieczorem. Połóż to w pobliżu, żeby to widzieć i podziel się z innymi, „pozwalam nieograniczonemu wszechświatowi dostarczyć mi olbrzymiej ilości możliwości, zaprojektowanych tak, aby otoczyć i wspomóc mój rozwój, moją świadomość i moje radosne wyrażanie życia". I bądź tym, ponieważ, to twoja prawda.

I tak oto, wystarczy na dzisiaj. Bądźcie pieniędzmi w każdym aspekcie swojego życia. Pozostawiamy was w miłości. Dobranoc.

ACCESS CONSCIOUSNESS®

Wszystko w życiu przychodzi mi z lekkością, radością
i obfitością!™

www.accessconsciousness.com